De la ansiedad que produce la prisa a la paz
que sobrepasa todo entendimiento

LENTITUD
deliberada

JA PÉREZ

— DE LA SERIE —

MATANDO
A LOS
DRAGONES

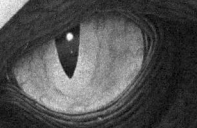

LENTITUD DELIBERADA:
De la ansiedad que produce la prisa a la paz que sobrepasa todo entendimiento

Tisbita Publishing House

Puede encontrarnos en la red en: www.tisbita.com
Reportar errores de imprenta a errata@tisbita.com   **TISBITA**
Contactar al autor en: www.japerez.com

ISBN: 978-1947193277

Printed in the U.S.A.

AGRADECIMIENTOS

A mi Dios, por todo. A mi esposa e hijos, quienes pacientemente me prestan de su tiempo para escribir. A mi equipo por su ardua labor en todo trabajo literario. A mi madre por su ayuda en las correcciones al manuscrito. A nuestros dos hermosos gatos que fielmente me acompañan mientras escribo.

DEDICACIÓN

*Este humilde volumen es dedicado a
ti que luchas con la ansiedad.
Es mi oración que estas páginas
puedan revelarte como la ansiedad
pudiera ser el instrumento más
poderoso que Dios use para traerte a
una vida de continua paz —la paz que
sobrepasa todo entendimiento.*

SERIE: MATANDO A LOS DRAGONES

Venciendo la Ansiedad

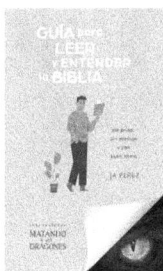

Esta serie de libros es basada en el volumen completo: *Matando a los Dragones: De la ansiedad a la paz que sobrepasa todo entendimiento*, la serie incluye el *manual interactivo* y curso titulado *Venciendo la Ansiedad* en la *Red de Desarrollo Bíblico* en: https://desarrollo.japerez.com

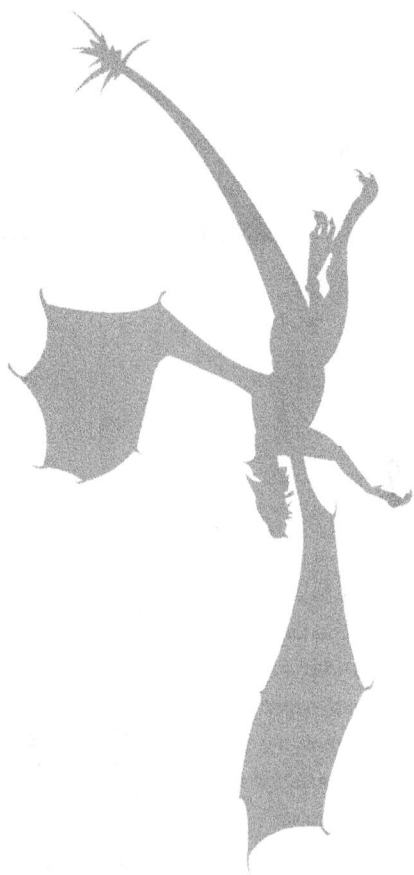

CONTENIDO

NOTA IMPORTANTE

Al escribir sobre la ansiedad en este libro, lo hago de acuerdo a mi experiencia de vida, entendimiento teológico y relación con Dios.

No estoy estableciendo definiciones médicas o científicas.

Los consejos espirituales no están dirigidos a reemplazar de ninguna forma la atención profesional de psicólogos, psiquiatras y expertos en la materia —especialmente en depresión y ansiedad diagnosticados clínicamente.

Por eso siempre digo a mis lectores y audiencia que busquen ayuda profesional en todo lo que sea posible.

Aún así, en esta jornada, confío que muchos se identifiquen conmigo y pudieran en estos textos encontrar ayuda, pero no pretendo usurpar el lugar que sólo médicos y científicos pueden ocupar.

INTRODUCCIÓN

La ansiedad tiene que ver con el futuro. Con algo que no ha sucedido. Ésta nos presiona a ir más rápido de lo que es natural.

Sea la inexplicable urgencia interior que nos impulsa a andar de prisa, o la presión externa que viene de la sociedad —aquellos que nos rodean— la prisa nos sacará del presente, robando de nosotros toda tranquilidad.

Soy una persona que está en recuperación.

Sí. Siempre fui un adicto a la prisa, aún cuando no me daba cuenta. Siempre obsesionado por llegar.

Si conducía en una autopista, siempre cambiando de carril, buscando la línea más rápida en el tráfico.

Desde niño padecí de mucha ansiedad, pero según fui creciendo, la prisa amplificó los daños de la ansiedad en mi vida.

Esto me obligó a buscar respuestas —y respuestas he encontrado. Hoy, creo que la ansiedad es uno de los mejores regalos que he recibido en mi vida. Ha sido el instrumento que Dios ha usado para llevarme a descubrir la paz que sobrepasa todo entendimiento.

Mis batallas con la ansiedad me han empujado a buscar a Dios, y en medio de estas, he experimentado las mayores alegrías y la mayor cercanía a mi Padre celestial y una de las cosas más importantes que he aprendido en el proceso, ha sido la eliminación de toda prisa en mi diario vivir.

Es mi intención en este sencillo volumen desenmascarar a este agente inductor de ansiedad. Sacarlo de nuestras vidas y sustituirlo por tranquilidad de manera que pueda usted aprender a vivir en un ritmo de paz y contentamiento.

Me apresuro en parte porque laboro bajo la falsa creencia de que «no tengo suficiente tiempo». La realidad es que tengo toda una eternidad por delante. Jesús me hizo eterno.

La ansiedad es como un dragón y tiene varias cabezas. Asomará cada una de esas cabezas en diferentes momentos de nuestra vida, a veces en un mismo día.

Pero lo dragones no son inmortales. Existen cazadores de dragones y armas poderosas y específicas que les pueden hacer caer.

Alguien dijo que los dragones no existen. Dígale esto a alguien que ha padecido de ansiedad. Otros dicen que los dragones son figuras de nuestra imaginación. Es posible. Pero en nuestra mente pueden ser muy reales. Dragones como el miedo, la preocupación, el pánico —todo está en la mente, pero eso no los hace menos reales.

La ansiedad es real. También el Dios que nos creó. El conoce nuestras más profundas luchas y Él es mucho más real que la ansiedad.

Él es tan poderoso que en Su soberanía puede usar hasta la ansiedad para atraernos a Él, por amor a Sí mismo y para gloria de Su santo nombre.

MATANDO AL DRAGÓN DE LA PRISA

1

La Prisa

El peor agente inductor de ansiedad

La ansiedad tiene que ver con el futuro. Con algo que no ha sucedido.

La prisa nos presiona a ir más rápido de lo que es natural.

Sea la inexplicable urgencia interior que nos impulsa a andar de prisa, o la presión externa que viene de la sociedad —aquellos que nos rodean— la prisa nos sacará del presente, robando de nosotros toda tranquilidad.

Es mi intención en este capítulo desenmascarar a este agente inductor de ansiedad. Sacarlo de nuestras vidas y sustituirlo por tranquilidad —la paz que sobrepasa todo entendimiento.

Matemos a este primer dragón —la prisa.

En su libro «The life you've always wanted[1]», que se traduciría «La vida que siempre quisiste», John Ortberg dice lo siguiente sobre la prisa:

«La prisa no significa una agenda desordenada, es

más bien un corazón desordenado».

Durante una temporada de transición en el ministerio, a él le fue dicho: «Debes despiadadamente eliminar toda prisa de tu vida».

Créalo usted o no, la prisa está directamente enlazada al desgaste espiritual, y los efectos directos de la prisa son la ansiedad o intranquilidad, apresuramientos que llevan al pecado y aún a la pobreza.

¿Por qué nos apresuramos?

Me apresuro en parte porque laboro bajo la falsa creencia de que «no tengo suficiente tiempo». La realidad es que tengo toda una eternidad por delante. Jesús me hizo eterno.

Sin embargo, vivimos una vida apresurada.

Una vida frenética

Soy una persona que está en recuperación.

Sí. Siempre fui un adicto a la prisa, aún cuando no me daba cuenta. Siempre obsesionado por llegar.

Si conducía en una autopista, siempre cambiando de carril, buscando la línea más rápida en el tráfico. Si conducía dentro de la ciudad, siempre apresurándome cuando me acercaba a un semáforo para asegurarme de pasar antes que la luz cambiase a amarilla.

En el mercado, apresurándome a buscar la línea más rápida, y en los estacionamientos siempre apresurándome cuando veía desde lejos un espacio para estacionarme —antes que alguien me lo ganara.

Te imaginas cómo me sentía cuando uno más listo que yo era más rápido y me ganaba ese espacio en el estacionamiento.

Creo que ya estoy curado de ese mal. Hace poco, estaba en mi auto, en un estacionamiento, cuando vi que un automóvil comenzaba a dar marcha atrás para retirarse. Yo estaba a unos metros, con las luces intermitentes puestas, listo para tomar ese espacio en cuanto él se retirara. En cuanto dicho automóvil salió de ese espacio, otro que venía de frente se me atravesó y a la fuerza me lo ganó. Lo más interesante es que me volteó a ver con una risa burlona, como diciendo: «Ha, te gané el espacio».

¿Qué cree usted que hice? Nada.

¿Qué cree usted que sentí? Sentí compasión. Vi a alguien atrapado por las garras de la prisa.

Como yo había sido un adicto a la prisa en el pasado, conozco el dolor que ésta inflige. Sentí compasión. Mi esposa venía conmigo en el auto y me dijo: «verdaderamente has cambiado».

Sí. En otro tiempo me hubiera enojado. Esta vez le dije a mi esposa: «Tenemos la bendición de no andar de prisa. Gracias a Dios».

La tecnología y el aceleramiento de la prisa

Se supone que la tecnología nos hace más productivos. Es decir, podemos hacer más cosas en menos tiempo y como resultado, tener más tiempo libre.

Sin embargo, el efecto de los avances tecnológicos es todo lo contrario.

Ahora tenemos más canales de televisión, más noticias, más entretenimiento, más juegos electrónicos, más estrés y más prisa. El tiempo no nos alcanza.

En el proceso de minimizar mi vida, he tenido que hacer algunas decisiones y ajustes en cuanto al uso de la tecnología. Por ejemplo. Todas las notificaciones están apagadas en mi teléfono, sean redes sociales o textos electrónicos. Solo reviso mi caja de correo electrónico una vez al día, en la computadora en mi oficina, y no tengo acceso a mis correos en el teléfono celular.

Es más, cuando salgo a caminar, dejo el teléfono celular en mi oficina, apagado.

No tenemos en casa televisión por cable. De hecho, veo muy poca televisión.

Hace poco tiempo, alguien tocó a la puerta de nuestro hogar. Era un vendedor de una compañía de televisión por cable.

Este me preguntó que cuál era la compañía que nos daba servicio de cable. Cuando le respondí que ninguna, no me quería creer.

Entonces me preguntó: «¿Qué hacen ustedes y sus hijos para entretenimiento?».

A lo cual respondí: «Leemos libros».

El vendedor se extrañó aun más. No podía entender que alguien esté fuera de esta carrera de ratas.

Más adelante en el libro le compartiré algunos ajustes prácticos que puede hacer para reducir los efectos de la prisa en su vida y por ende la ansiedad que ésta produce, pero antes quiero hablarle un poco más sobre estos efectos.

Daños de la prisa

Aparte de la ansiedad que produce la prisa, pues nos transporta al futuro, ésta además produce otros daños.

1- La prisa trae pobreza

...todo el que se apresura alocadamente,
de cierto va a la pobreza. Proverbios 21:5

La prisa te hace comprar cosas a crédito porque ésta es hermana de la gratificación instantánea.

Trabajando en conspiración con la codicia, ésta crea en ti ese sentimiento de: «Quiero tenerlo y ahora». Es más. En tu mente hasta llegas a justificar que necesitas algo que en realidad no es necesario.

La prisa te hace tomar decisiones de negocio apresuradamente. Sin consultar con Dios, sin escuchar a los expertos.

Crea en nosotros la ilusión de que estamos perdiendo el tiempo. Nos impulsa a querer cortar camino, a veces aún en nuestra educación, para que luego tomemos una responsabilidad para la que no estamos preparados.

Los agentes de ventas conocen esta debilidad humana, por eso es que en en las ventas existe la técnica conocida como «crear urgencia».

Te ofrecerán un descuento pero con la condición que debes comprar ese producto hoy.

Note que casi todos los especiales en tiendas tienen fecha de vencimiento.

La prisa es una buena aliada de los usureros y los comerciantes deshonestos, y tu pudieras ser víctima.

Una vez que realizas esa compra, ahora vendrá el estrés de «cómo pagarlo». Por eso vemos padres de familia que no pueden pasar tiempo con sus hijos pues están obligados a trabajar dos empleos para poder pagar las deudas.

2- La prisa produce desobediencia

> *El alma sin ciencia no es buena, Y aquel que se apresura con los pies, peca. Proverbios 19:2*

La prisa no permite que escuches la voz de Dios. No puedes oir la voz de Dios cuando andas de prisa porque la prisa es la muerte de la oración.

La prisa es la muerte de la oración

Para oir la voz de Dios hay que hacer silencio y estar quietos.

> *Estad quietos, y conoced que yo soy Dios... Salmos 46:10*

Cuando andas de prisa, no puedes encontrar el tiempo y la quietud para oir Su voz y colocarte en el centro de Su voluntad. Con una comunicación enfriada, es fácil tomar decisiones fuera de la voluntad de Dios y entrar en desobediencia.

Además, la prisa produce cansancio y el cansancio

produce desgastes, desilusión, de manera que es más fácil pecar.

3- La prisa incrementa el estrés

> *Me pusieron a guardar las viñas;*
> *Y mi viña, que era mía, no guardé.*
> *Cantares 1:6*

La prisa hace que cuides y resuelvas los problemas y asuntos de otros pero no los tuyos.

Ahí verás el caso del pastor que se desgasta aconsejando, ayudando y sirviendo a otros pero no tiene tiempo para sí mismo. Pronto llegará el desgaste.

4- La prisa decrece el gozo

Mientras más rápido voy, menos disfruto la vida.

> *Mis días han sido más ligeros que un*
> *correo; Huyeron, y no vieron el bien.*
> *Job 9:25*

De esto hablo más adelante. En cuanto a cómo el proceso es más importante que las metas.

5- La prisa me hace menos productivo

Contrario al pensamiento popular, «las multitareas no funcionan». A esto dedico también más tiempo más adelante en el libro.

Una característica de gente productiva es que se concentran en una tarea a la vez. Estos aprenden a llevar un ritmo de vida, descanso y trabajo.

> *Los planes bien pensados: ¡pura ganancia! Los planes apresurados: ¡puro fracaso! Prov 21:5 (NVI)*

Es decir, la planeación toma tiempo, pero a la larga produce más.

6- La prisa seca el amor

Las relaciones requieren tiempo. Si amas a alguien debes invertirle tiempo.

> *El amor es paciente... 1 Cor 13:4*

7- La prisa te hace infeliz

Si hay algo que ataca directamente a la felici- dad, —que más Bíblicamente yo llamaría contentamiento—, es la prisa.

La prisa te roba tu paz interior. Siempre estás en el futuro. Pensando en lo que quieres obtener, a donde quieres llegar —esto es motivado por deseos y los muchos deseos quitan el contentamiento. Opuestamente a esto se encuentra el agradecimiento que está basado en lo que tengo ahora, en este momento, y esto directamente trae alegría y gozo.

Por lo tanto, no se angustien por el mañana, el cual tendrá sus propios afanes. Cada día tiene ya sus problemas.
Mateo 6:34 (NVI)

Sean vuestras costumbres sin avaricia, contentos con lo que tenéis ahora; porque él dijo: No te desampararé, ni te dejaré;
Hebreos 13:5

Así que, teniendo sustento y abrigo, estemos contentos con esto.
1 Timoteo 6:8

En los capítulos que siguen estaré —como dije anteriormente— enseñándote a cómo entrar y permanecer en un ritmo de paz. Cómo vivir en la paz que sobrepasa todo entendimiento lo cual derrotará y sacará la prisa de tu vida.

Luego compartiré algunos ajustes prácticos para mantenernos viviendo en paz y sin prisa.

2

Cómo ser libres de la prisa

El combustible de la ansiedad es la prisa. Es cuando nuestra mente y por consiguiente acciones se trasladan hacia el futuro.

Al comenzar a pensar cómo enfrentaremos los retos del futuro con los recursos que tenemos a la mano ahora en el presente, entonces entramos en la preocupación, el miedo, los cuales son manifestaciones de la ansiedad.

Lo contrario a la prisa es la paz, que también se manifiesta en forma de ecuanimidad, o tranquilidad.

Entonces si paz es lo que me librará de la prisa, mi principal tarea en este momento es conseguirla.

¿Cómo puedo entrar y permanecer en esa paz?

Cómo tener paz interna en un mundo de ruido, presiones, demandas y prisa.

Como seguidores de Jesús, todos entendemos el mensaje de salvación. Sabemos que por haber creído en Él, tenemos la seguridad de vida eterna. Sin embargo, vivimos vidas agitadas en el aquí y ahora, inundados con las presiones y preocupaciones de este mundo.

Siempre de prisa, nunca conformes, presionados, gastados, cansados...

¿Era ese el plan de Dios para nuestras vidas acá en este lado de la eternidad, o existe un camino mejor?

¿Podemos vivir una vida relajada, de contentamiento y tranquilidad mientras todavía estamos en esta tierra?

Yo quiero compartir con usted el mensaje que ha revolucionado totalmente mi manera de vivir, la manera de ver los problemas, cómo lidiar con las presiones del diario vivir y encontrar paz y tranquilidad en medio de todo.

Fui una persona muy agitada (los que me conocen por años lo pueden atestiguar). Fui muy exigente conmigo mismo, perfeccionista, siempre ocupado, sin tiempo para las cosas (que ahora se) que verdaderamente importan, pero todo eso ha cambiado.

Te invito a caminar conmigo en esta jornada, aprendiendo a entender y recibir paz, de la manera que el Maestro lo diseñó para ti.

Comencemos por este texto:

> *Por nada estéis afanosos, sino sean conocidas vuestras peticiones delante de Dios en toda oración y ruego, con acción de gracias. Y la paz de Dios, que sobrepasa todo entendimiento, guardará vuestros corazones y vuestros pensamientos en Cristo Jesús. Filipenses 4:6,7*

La palabra «afanosos» se traduce «ansiosos» en otras traducciones de las Sagradas Escrituras.

La NTV dice: «No se preocupen por nada...» y la NKJV dice: "Be anxious for nothing..." que se traduciría: «Por nada estéis ansiosos...».

Si Dios te dice que «por nada estéis ansiosos», esto significa que es algo que se puede lograr. Dios no te va a pedir que hagas algo que no pudieras hacer.

Entonces, el texto, por sí, nos está diciendo que vivir sin ansiedad es algo que se puede alcanzar.

Luego, dice el texto que le lleves tu preocupación a Dios en oración, y que lo hagas «con agradecimiento». Dice así: «sino sean conocidas vuestras peticiones delante de Dios en toda oración y ruego, con acción de gracias».

Más adelante le hablaré del poder del agradecimiento. Pero por el momento tomemos el texto en la superficie. Dios nos está diciendo que le traigamos nuestras ansiedades a Él y luego nos da una promesa... «Y la paz de Dios, que sobrepasa todo entendimiento, guardará vuestros corazones y vuestros pensamientos en Cristo Jesús».

Básicamente el texto nos está diciendo que si traemos nuestras ansiedades a Dios en agradecimiento, Él nos va a dar una paz que no se puede explicar. Esa paz es sobrenatural.

¿Cómo lograr esa paz?

¿Estás listo?
Comencemos.

3

JESÚS: PRÍNCIPE DE PAZ

¿De dónde viene esa paz que nos ofrece Dios?
¿Tenemos algún ejemplo de esa paz?

Responderé a estas dos preguntas de manera que podamos tener una vista previa de lo que viene.

Comencemos por lo primero.

¿De dónde viene esa paz que nos ofrece Dios?

Paz prometida

Paz «en la tierra» fue anunciada antes del nacimiento del Mesías

A parte de traer salvación eterna a todo aquel que en Él cree, parte de la misión de Jesús en su ministerio fue traer paz.

El anunciamiento

Príncipe de paz profetizado

Isaías profetizó que el Mesías que vendría, parte de su nombre es «Príncipe de Paz».

> *Porque un niño nos es nacido, hijo nos es dado, y el principado sobre su hombro; y se llamará su nombre Admirable, Consejero, Dios Fuerte, Padre Eterno, Príncipe de Paz. Is 9:6*

Este anunciamiento nos dice que Paz es parte de su nombre y por ende la importancia de cuan entrelazado el mensaje de Paz está en Su misión.

El canto de los ángeles

En Lucas, capítulo 2 dice la Biblia que mientras unos pastores guardaban sus rebaños, se les apareció un ángel anunciándoles el nacimiento del Mesías. Dice también que repentinamente apareció con el ángel una multitud de las huestes celestiales, que alababan a Dios, y decían lo siguiente:

> *¡Gloria a Dios en las alturas, Y en la tierra paz, buena voluntad para con los hombres! Lc 2:14*

En el canto de los ángeles, paz es de nuevo anunciada ligada al nacimiento de Jesús. Es interesante ver que dice: "en la tierra paz".

Más adelante veremos que es la voluntad de Dios que tu camines en paz, en esta tierra. Es decir, el Señor no sólo nos dió promesa de vida eterna en el cielo, también hizo provisión para que vivamos en paz mientras estamos todavía en esta tierra.

Solo el Príncipe de Paz te puede dar paz

Leámos de nuevo la última parte del texto mencionado antes.

> *...y se llamará su nombre Admirable, Consejero, Dios Fuerte, Padre Eterno, Príncipe de Paz. Is 9:6b*

Ahora note cómo Pablo refiriéndose a Dios, dice: «Dios de paz» o «Señor de paz».

> *Y el Dios de paz aplastará en breve a Satanás bajo vuestros pies. La gracia de nuestro Señor Jesucristo sea con vosotros. Rom 16:20*

> *Y el mismo Señor de paz os dé siempre paz en toda manera. El Señor sea con todos vosotros. 2 Tes 3:16*

Jesús es el Príncipe de Paz y solo Él puede dar paz verdadera.

Ahora responderé a la segunda pregunta.

¿Tenemos algún ejemplo de esa paz?

La respuesta es: Sí.

El mejor ejemplo de una persona que caminó en perfecta paz y libre de prisa lo encontramos en la vida de Jesús.

Jesús sin prisa

Al comenzar su ministerio terrenal, (después de haber esperado por 30 años), su primer acto fue ir al desierto por 40 días. Es decir, Jesús no tenía prisa para entrar en el ministerio. Antes de ministrar, su prioridad principal era pasar tiempo con el Padre y esto lo vemos una y otra vez durante su vida. Jesús practicaba pasar largos tiempos de quietud, en oración y comunión con el Padre celestial.

Cuando comenzó su ministerio, podemos ver como sus hermanos le tentaron a que se apresurara a dar a conocer su ministerio, mas Jesús no salió de su calma.

> *...y le dijeron sus hermanos: Sal de aquí, y vete a Judea, para que también tus discípulos vean las obras que haces. Porque ninguno que procura darse a conocer hace algo en secreto. Si estas cosas haces, manifiéstate al mundo. Porque ni aun sus hermanos creían en él. Entonces Jesús les dijo: Mi tiempo aún no ha llegado, mas vuestro tiempo siempre está presto. Juan 7:3—6*

Note la prisa de sus hermanos. Note que en sus mentes era importante que Jesús se diese a conocer «ninguno que procura darse a conocer». Ellos estaban pensando en publicidad. Si fuera hoy en día, quizá hubieran dicho: «Imprime unos afiches, compra tiempo de anuncios en la radio, etc...».

La respuesta de Jesús: «Mi tiempo aún no ha llegado, mas vuestro tiempo siempre está presto». En otras palabras: «No estoy de prisa, pero ustedes siempre andan de prisa».

Jesús no tenía prisa en su camino a sanar a la hija de Jairo (Mr 5:22—23) o a su amigo Lázaro (Jn 11:1—43).

Tentado a apurarse

Las tentaciones contra Jesús en el desierto consistían en esencia en provocarle a darse prisa y conseguir por sí mismo lo que el Padre había prometido darle en su buen tiempo.

Veamos.

1- «Haz que estas piedras se conviertan en pan» (Lc 4:3,4).

En otras palabras: «Date prisa, come ahora, no esperes a completar el ayuno».

Esta es la tentación a apurarnos a conseguir provisión, cuando Dios es en realidad nuestro proveedor.

La respuesta de Jesús: «No sólo de pan vivirá el hombre, mas de toda palabra que sale de la boca de Dios». Es decir, la provisión viene de Dios.

2- «...le mostró... todos los reinos de la tierra y le dijo el diablo: a tí te daré toda esta potestad y la gloria de ellos...» (Lc 4:5,6).

En otras palabras: «No esperes a que completes tu obra y Dios Padre te de toda potestad». El diablo le estaba tentando a que se apresurara a recibir algo sin ir a la cruz, es decir, fuera del plan del Padre. ¿Qué le estaba ofreciendo? «toda potestad».

Jesús se resistió a esta tentación, y luego vemos que en el tiempo correcto Jesús recibió «toda potestad» de parte del Padre.

> *Y Jesús se acercó y les habló diciendo: Toda potestad me es dada en el cielo y en la tierra. Mt 28:18*

3- «Si eres hijo de Dios...» (Lc 4:9).

En otras palabras: «Apresúrate a probar quién eres».

Tu también puedes ser tentado a tratar de probar quién eres. Es una tentación a la prisa. Te saca de tu paz.

Mas adelante le hablaré de la libertad de no tener que demostrarle nada a nadie.

4- «A sus ángeles mandará acerca de ti, que te guarden» (Lc 4:10).

El diablo estaba tentando a Jesús para presionar a Dios Padre a guardar su promesa.

Nosotros no tenemos el derecho de exigir a Dios cuándo y cómo nos cumple promesas. Él es Soberano y cumple Sus promesas en Su tiempo y como Él quiere.

Como pudo leer, Jesús jamás pudo ser sacado de su calma.

Jesús era una persona ecuánime, calmado, tranquilo, sosegado.

Él es el tipo de persona que se acuesta a dormir en medio de una tempestad.

> *Y entrando él en la barca, sus discípulos*
> *le siguieron. Y he aquí que se levantó en*
> *el mar una tempestad tan grande que*
> *las olas cubrían la barca; pero él dormía.*
> *Mt 8:23,24*

Así te convertirás tú si decides caminar con Él y a su paso.

Cuando lee la historia de Pedro, el discípulo de Jesús, al principio de su caminar con El Maestro, usted se encuentra con un Pedro agitado, desesperado, impulsivo.

Este era el discípulo que siempre se apresuraba a responder cualquier pregunta —un hombre de poca paciencia.

Tal era así que cuando vinieron a prender a Jesús, Pedro sacó una espada y le cortó una oreja a uno de los soldados.

> *Entonces Simón Pedro, que tenía una*
> *espada, la desenvainó, e hirió al siervo*
> *del sumo sacerdote, y le cortó la oreja*
> *derecha. Y el siervo se llamaba Malco.*
> *Juan 18:10*

Sin embargo, un tiempo después vemos a un

Pedro transformado.

Después que el Señor fue quitado, Pedro comenzó a predicar y padeció gran persecución.

En una ocasión, Herodes echó mano a algunos de la iglesia para maltratarles. Y mató a espada a Jacobo, hermano de Juan. Luego prendió a Pedro y lo puso en la cárcel. También planeaba matarle después de la Pascua.

Y ¿qué hizo Pedro la noche antes, sabiendo que lo iban a matar en la mañana?

Pedro se acostó a dormir.

> *Y cuando Herodes le iba a sacar, aquella misma noche estaba Pedro durmiendo entre dos soldados, sujeto con dos cadenas, y los guardas delante de la puerta custodiaban la cárcel. Hch 12:6*

Este no es el mismo Pedro de antes. Este es un Pedro transformado, ecuánime, calmado —un Pedro que camina en paz.

De la misma manera que Jesús podía dormir durante la tempestad, este Pedro ya podía dormir, tranquilo, confiado, aunque se esperaba que al próximo día lo iban a matar de la misma manera que ya habían matado a Jacobo el hermano de Juan.

El libro de Los Hechos nos dice que Pedro fue rescatado por un ángel.

> *Y he aquí que se presentó un ángel del*

> *Señor, y una luz resplandeció en la*
> *cárcel; y tocando a Pedro en el costado,*
> *le despertó, diciendo: Levántate pronto.*
> *Y las cadenas se le cayeron de las*
> *manos. Hch 12:7*

Esto es lo que hace Dios. Él proveerá una salida si puedes estar tranquilo, en paz.

Estar en paz, sin prisa es algo que se aprende.

De la misma manera que Jesús caminó sobre la tierra en un ritmo de absoluta paz... y de la misma manera que Pedro anduvo en esa paz. Tu también puedes conseguirlo.

Tu puedes ser libre de la prisa que causa ansiedad y caminar en la paz que sobrepasa todo entendimiento.

4

ENTRANDO EN UN RITMO DE PAZ

Jesús nos entrega paz

La paz os dejo, mi paz os doy; yo no os la doy como el mundo la da. No se turbe vuestro corazón, ni tenga miedo.
Juan 14:27

En el versículo anterior, Jesús acaba de dar la promesa del Consolador diciendo que Éste era «el Espíritu Santo», a quien el Padre enviaría en su nombre a los creyentes. La misión del Espíritu Santo es consolar, ayudar, guiar a los creyentes una vez que Jesús fuera tomado.

Pero no sólo prometió Jesús que nos iba a dejar al Espíritu Santo cuando Él se hubiese ido, también dijo que nos dejaría «paz». Él dijo «la paz os dejo».

Paz es un regalo, un legado que Jesús nos dejó.

Esa paz que recibimos cuando recibimos el Espíritu Santo, que es el Espíritu de verdad que ahora habita en nosotros.

Entonces, paz debe ser una realidad que llena nuestras vidas, que nos abraza y nos inunda en medio que cualquier situación que podamos estar atravesando.

Note que esta paz que Jesús promete es una paz sobrenatural —no como el mundo la da.

El mundo te puede dar una paz temporal, la cual puedes obtener por medio de técnicas, estrategias, programas, etc... esta paz es pasajera y se desvanece.

La paz que Jesús dá es «completa» y duradera. Sobrepasa todo entendimiento.

> *Y la paz de Dios, que sobrepasa todo entendimiento, guardará vuestros corazones y vuestros pensamientos en Cristo Jesús. Filipenses 4:7*

Entonces paz es algo que ya nos ha sido entregado. Es nuestra. Jesús nos la dió.

A continuación le hablaré de cómo esa paz puede convertirse en un estilo de vida, cómo crecer en ella, y cómo multiplicarla.

¿Por donde comienzo?

Aunque el Señor ha provisto paz para tu vida, al igual que muchos otros beneficios de Su salvación, esto no significa que automáticamente es evidente en tu vida.

Hay que procurarla.

Paz es fruto del Espíritu. De la misma manera que Dios te ha entregado en ese fruto, amor, gozo, bondad...

esto no significa que automáticamente ya andas en ese fruto.

> *Mas el fruto del Espíritu es amor, gozo, paz, paciencia, benignidad, bondad, fe, mansedumbre, templanza; contra tales cosas no hay ley. Gálatas 5:22,23*

Amor, gozo, benignidad ya te han sido dadas, ahora tenemos que aprender a caminar en ello.

¿Cómo procurar esa paz?

Para tener días buenos (un buen futuro) necesitas buscar (procurar) la paz

> *Porque: El que quiere amar la vida Y ver días buenos, Refrene su lengua de mal, Y sus labios no hablen engaño; Apártese del mal, y haga el bien; Busque la paz, y sígala. 1 Pe 3:10,11*

> *Pues las Escrituras dicen: «Si quieres disfrutar de la vida y ver muchos días felices, refrena tu lengua de hablar el mal y tus labios de decir mentiras. Apártate del mal y haz el bien. Busca la paz y esfuérzate por mantenerla. 1 Pe 3:10,11 (NTV)*

Note que el texto dice que busques esa paz. Dice: «Busque la paz, y sígala».

La NTV dice: «Busca la paz y esfuérzate por mantenerla».

Esfuérzate por tenerla, es decir, que toma esfuerzo.

Necesitamos aprender y disciplinadamente crear hábitos. Un ritmo en el que continuamente caminemos en paz.

Paz puede ser multiplicada

Caminar en paz no sólo es algo que se aprende. Una vez que estemos ya caminando en un ritmo de paz, esa paz puede crecer en nosotros, también es algo que se multiplica.

¿Cómo se multiplica?

Veamos el texto.

> *Gracia y paz os sean multiplicadas, en el conocimiento de Dios y de nuestro Señor Jesús. 2 Pe 1:2*

La Reina Valera 1960 dice: «Gracia y paz os sean multiplicadas». Es decir, se multiplica. ¿Cómo se multiplica? El texto dice «en el conocimiento de Dios».

Se multiplica en su conocimiento.

Mientras más conocemos a Dios, más paz tenemos. Me gusta como lo traduce la NTV.

> *Que Dios les dé cada vez más gracia y*
> *paz a medida que crecen en el conoci-*
> *miento de Dios y de Jesús nuestro Señor.*
> *2 Pe 1:2 (NTV)*

Note que dice: «más gracia y paz a medida que crecen en el conocimiento de Dios...».

Entonces ¿cómo se mide la cantidad de paz que tenemos en nuestras vidas?

La medida es cómo «crecemos en el conocimiento de Dios y de Jesús nuestro Señor».

Ahí está la fórmula amado lector.

A medida que conocemos más a Dios, tenemos más paz. Al tener más paz, tenemos menor ansiedad.

Entonces podemos concluir que:

1- Paz se puede multiplicar.

2- Mientras más le conocemos a ÉL, más paz tenemos en nuestras vidas.

¿Cómo podemos conocerle más a Él y crecer en esa paz?

Fija en Jesús tus pensamientos (tu mente).

> *Tú guardarás en completa paz a aquel*
> *cuyo pensamiento en ti persevera;*
> *porque en ti ha confiado. Is 26:3*

> *¡Tú guardarás en perfecta paz a todos*
> *los que confían en ti; a todos los que*
> *concentran en ti sus pensamientos!*
> *Is 26:3 (NTV)*

Le dije al principio de este libro que la ansiedad ha sido en mi vida el medio que Dios ha usado para acercarme a Él.

Para mi, escudriñar las escrituras, fijar mis pensamientos en Jesús, no es un lujo —más bien es una necesidad.

Necesito que mi mente esté llena de Él todo el tiempo.

El texto anterior nos dice que si mi pensamiento persevera (está fijado) en Él, entonces Él me guardará en completa paz.

Amado lector, necesitas que tu mente esté en Dios. ¿Cómo es esto posible?

Por medio de la continua lectura de su palabra.

Los textos sagrados nos muestran el carácter de Dios. Es la manera en que podemos conocerle de cerca.

Tus pensamientos definen tus emociones

Por eso es la necesidad de continuamente renovar nuestro entendimiento.

Nuestra mente debe estar «ocupada» o «fijada» en Jesús.

No preocupados. La preocupación es resistencia y la resistencia empeora las cosas.

Mientras más pienses en el Señor, más paz tienes.

Ya que sigas la paz (le des prioridad), entonces tendrás bien, verás días buenos

Vuelve ahora en amistad con él, y

tendrás paz; Y por ello te vendrá bien.
Job 22:21

Estar en paz ahora, me quita el miedo del futuro

Considera al íntegro, y mira al justo;
Porque hay un final dichoso para el
hombre de paz. Salmo 37:37

Sean vuestras costumbres sin
avaricia, contentos (o en paz) con lo
que tenéis ahora; porque él dijo: No te
desampararé, ni te dejaré, de manera
que podemos decir confiadamente: El
Señor es mi ayudador; no temeré Lo que
me pueda hacer el hombre. Heb 13:5,6
(paréntesis mío).

Amado lector, con nuestros pensamientos permaneciendo fijados en Jesús, podemos vivir sumergidos en un ritmo de paz, abundando y creciendo en esa paz cada día más.

Esto trae a nosotros contentamiento, gozo continuo y nos libra del dragón de la prisa, nos libra del miedo al futuro, nos libra de la ansiedad.

5

El poder del ahora

Destruyendo el dragon del miedo de algo que no ha acontecido

Cuando hablo de estar en el presente, algunas personas piensan automáticamente en las religiones orientales. Piensan en el zen, el taoísmo y quizá en otras filosofías y disciplinas orientales.

La mayoría de los cristianos rechazarán todo lo que piensen que se relaciona con estas religiones, algunos por temor a caer de la sana doctrina, caer en el error, la idolatría, etc...

Sin embargo, hay principios de vida que fueron enseñados y practicados por el mismo Jesús, que en el fondo tienen algunas similitudes con las creencias de otras religiones y filosofías.

Hemos americanizado el cristianismo. Nuestro «evangelicalismo» ha formado un tipo de cristianismo, que ha hecho que todo lo que proviene de otras culturas sea malo, o al menos no seguro.

Hemos olvidado que el cristianismo vino del oriente —del medio oriente.

Será más fácil entender estos principios de vida

cuando estudies los tiempos y la cultura en la que Jesús fue criado y desarrolló su ministerio.

Además de eso, hay algunos principios de sabiduría de los que Jesús habló que existieron durante miles de años. Por supuesto, Jesús trajo esos principios a una nueva luz. Les trajo revelación y profundidad.

En este, nuestro viaje, los invito a explorar conmigo algunas de estas verdades. Creo que será bendecido y encontrará alegría en medio de las pruebas y los conflictos internos.

De vuelta a El poder del ahora.

Jesús dijo: No te preocupes por el mañana.

> *Así que, no os afanéis por el día de mañana, porque el día de mañana traerá su afán... Mateo 6:34*

Veámoslo en la Nueva Traducción Viviente:

> *Así que no se preocupen por el mañana, porque el día de mañana traerá sus propias preocupaciones. Los problemas del día de hoy son suficientes por hoy. Mateo 6:34*

No te afanes, o no te preocupes por el mañana.

Preocuparnos, o tener miedo de algo que no ha acontecido pudiera ser la misma definición de «ansiedad».

El diccionario de definiciones dice lo siguiente:

Ansiedad: El concepto de ansiedad tiene su origen en el término latino anxietas. Se trata de la condición de una persona que experimenta una conmoción, intranquilidad, nerviosismo o preocupación[2].

¿Preocupación por qué?

Por algo que no ha sucedido.

Es la anticipación con temor de algo que todavía no sucede.

Lisa Firestone Ph.D. dice que la ansiedad a menudo tiene que ver con el futuro. Ella dice: «Gran parte de nuestra ansiedad es impulsada por la anticipación. La vida nos alimenta una cantidad infinita de incertidumbre que puede incrementar nuestro estrés y ansiedad[3]».

El autor y pastor Wayne Muller, habla de los miembros de una tribu en Sur América.

El cuenta que cuando los miembros de esta tribu se trasladaban de un lugar a otro, estos marchaban por largas distancias y de pronto en cierto momento de la jornada todos de golpe se sentaban en el piso por un rato, y luego resumían su marcha[4].

Cuando se les preguntó por qué después de marchar ciertas distancias todos se paraban de repente, ellos respondieron: «Para esperar a nuestra alma».

Estos creían que cuando marchaban muy a prisa, el alma se quedaba atrás.

Muy interesante. Verdaderamente, esta creencia no

tiene apoyo teológico, pero quizá indique lo que sucede cuando apresuramos nuestros pensamientos hacia el futuro.

Cuando nos salimos del presente, y nuestra mente comienza a indagar sobre las cosas que pudieran suceder en el futuro, ciertamente viene intranquilidad —e intranquilidad es una de las definiciones de ansiedad.

Misericordia para un día

La tentación de «preocuparnos por el futuro» puede ser una amenaza presente. Sin embargo, Dios te da nuevas misericordias cada día.

> *...porque nunca decayeron sus misericordias. Nuevas son cada mañana; grande es tu fidelidad. Lam 3:22,23*

Dios te da misericordia para hoy solamente. Por eso, si piensas en cómo enfrentarás mañana con los recursos que tienes hoy en tu mano, sólo te traerá preocupación[5].

Ya Dios te suplió para hoy. Da gracias. Mañana te dará una nueva misericordia.

Necesitamos confiar en «las misericordias de Dios» para hoy.

El futuro está fuera de tu control

Caminar por fe consiste en confiar en un Dios soberano.

Dios tiene control de todas las cosas. Él ha diseñado aún la salida de tu problema (que está en el futuro) aun antes que el problema comience.

> *...fiel es Dios, que no os dejará ser tentados más de lo que podéis resistir, sino que dará también juntamente con la tentación la salida, para que podáis soportar. 1 Corintios 10:13*

Note que dice esta traducción que la salida será dada junto con la tentación (en el griego la raíz de la palabra tentación, también se puede traducir prueba).

Es decir, aunque tú no veas la salida de la prueba en que estás, ya Dios la ordenó.

Entonces, no hay necesidad de preocuparnos por el futuro. Solamente tenemos hoy, y Dios nos da para hoy una nueva misericordia.

Conociendo esto, podemos amanecer cada día confiados, y sin la preocupación de mañana, sabiendo que Dios nos ha dado una nueva misericordia para este día.

Usted pudiera decir: «Eso es fácil para usted, y yo trato de no preocuparme por el futuro, pero no lo puede evitar, es algo que está fuera de mi control».

Tiene razón. De hecho, la ansiedad no es solamente preocupación mental, por eso, solamente un proceso mental o auto-asegúrate una verdad, es posible no sea suficiente para salir de la ansiedad por tan poderosa que sea esa verdad, porque en ocasiones, debajo de la ansiedad existen razones médicas. No está sólo en nuestra mente, sino en nuestra química. Inclusive pueden haber razones neurológicas.

Por eso no todas la soluciones son espirituales. En gran parte de los casos se necesita la ayuda médica.

Cuando hablo de buscar ayuda, no solamente me refiero a ayuda espiritual. Si es necesario buscar ayuda médica, no te detengas. Busca ayuda, toda la ayuda que necesites.

También, y aparte de la ayuda médica y profesional, yo creo que la palabra de Dios nos ayuda, a calmar nuestra alma y nuestros pensamiento y encontrar esperanza en medio del estrago.

Mi deseo y oración es que en medio de tu reto y lucha con la ansiedad, encuentres en esta el conducto que te lleva a más intimidad con Dios. Sí, se puede tener gran gozo y la presencia de Dios puede ser muy real en medio de la ansiedad.

MATANDO AL DRAGÓN DE RENDIMIENTO

6

PROCESO EN LUGAR DE LOGROS

Matando al dragon de la prisa de producir

Es mejor tomar un proyecto pensando en el proceso, y no tanto en los resultados u objetivos.

Siempre digo que «el proceso trae alegría, las metas traen ansiedad».

Verá, el proceso le llevará al mismo lugar. Sí, debe tener un final en mente (una visión de su producto final), pero no se preocupe demasiado por el final y tenga cuidado con los plazos autoimpuestos. Cuando se concentra en el proceso, llegará al producto final pero sin ansiedad ni estrés.

Posiblemente ya estemos saliendo de lo que fué una generación obsesionada con logros. En los últimos veinte o treinta años hubo un auge en la cantidad de libros y métodos en cuanto a cómo ponernos y conquistar metas, producir resultados, logros.

Esto ha sido parte del énfasis que la generación de los baby boomers puso en el área de producción y rendimiento.

Créame que yo vengo de ese trasfondo, y creo profundamente en trabajar arduamente y ser productivo.

La dedicación al trabajo es un valor saludable y bueno.

Sin embargo, estoy seguro que podemos lograr llegar al mismo fin deseado sin la presión y el estrés que producen algunos de los métodos que se enseñan en cuanto a conquistar metas y producir resultados.

El otro problema es que la presión que hemos puesto en producir resultados es tal, que en muchas ocasiones hemos ligado nuestra identidad a lo que producimos. En otras palabras, corremos el peligro de poder llegar a pensar que valemos lo que producimos.

La presión que nos autoimponemos de «producir» es un enemigo que roba la paz. Tu victoria está en «quien eres» no en «qué produces».

Nuestra identidad no debe reposar en lo que producimos o en el logro de nuestras metas.

Nuestra identidad reposa en el hecho de que Cristo está en nosotros, y ya estámos completos en Él. Nuestra seguridad es completamente independiente de nuestros logros.

> *...y vosotros estáis completos en él, que es la cabeza de todo principado y potestad. Colosenses 2:10*

53

7

CREA NUEVOS HÁBITOS

Yo creo que aunque sí es importante que tengamos visión clara en cuanto hacia dónde vamos, no debemos poner un énfasis desmedido en las metas*.

En lugar de metas, por qué no pensamos en sistemas, en hábitos, los cuales nos llevarán al mismo lugar con la diferencia que lo haremos sin presión y disfrutaremos más el proceso.

Permítame compartir con usted algunos pensamientos sobre por qué la práctica de crear buenos hábitos es importante para que vivamos una vida mejor, más sencilla y con mayor gozo.

Hábitos en lugar de metas

Establece hábitos en lugar de metas.

Si usted necesita perder 100 libras de peso, esto pudiera crearle mucha presión. ¿Por qué no nos concentramos en sólo perder una pocas libras por ahora?

Podríamos crear algunos hábitos saludables que

con el tiempo produzcan resultados.

Concéntrate en perder una libra y ya que has perdido esa libra, entonces celebra que has manejado bien ese nivel y continúa practicando ese nuevo hábito. Repite el proceso de perder una sola libra.

Pudiera ser un hábito que consiste en comer ciertos tipos de alimentos en lugar de otros, o el hábito de caminar largas distancias.

Mientras practicas este nuevo hábito, será más fácil y eventualmente cosecharás los buenos resultados sin estresarte, sin frustración y sin desánimo.

La idea de nuevos hábitos es no crear altas expectaciones, pero sí un buen ritmo.

«Altas expectaciones traen desánimo» si llegar a la meta comienza a parecer más lento que lo esperado.

Por eso yo digo: «Olvida las metas». Crea más bien un ritmo. Un proceso que te llevará al lugar deseado.

Verás que, mientras caminas por esa senda, comenzarás a amar el proceso.

No lo apures. Para y huele las flores, y antes de que te des cuenta habrás llegado a tu destino. Y arribarás feliz, lleno de gozo y listo para crear tu siguiente aventura.

Hábitos en lugar de resoluciones

Existe un parque cerca de donde vivo. Es interesante que cada año nuevo, los primeros días del año cuando salgo a hacer mi caminata de la mañana en los trillos que están detrás, veo a mucha gente corriendo alrededor del parque —un año pude contar más de 60 personas.

Lo más interesante es que ya para la segunda semana del año, ese número comienza a bajar, y para la tercera semana el número de entusiastas ha bajado a lo usual, o sea a cuatro o cinco corredores, que son los que corren en ese parque el resto del año.

¿Qué pasó con todos los más de sesenta corredores que venían al parque a correr los primeros días del año?

Bueno. Esos son los que comenzaron el año con una lista de nuevas resoluciones.

Es muy curioso ver lo rápido que la gente rompe esas resoluciones de año nuevo, sólo para caer en culpabilidad y desánimo.

Me gustaría mostrarle un camino más excelente.

Olvida las resoluciones de nuevo año. Olvida el ponerte altas metas.

¿Qué pasaría si diseñamos un sistema? Una costumbre. Un modo de vida donde el proceso es la meta.

En lugar de preocuparnos por alcanzar una meta, ¿por qué no nos enfocamos mejor en el gozo de con calma observar la vida alrededor nuestro mientras caminamos la senda de repetir una acción?

De eso se trata la ciencia de crear nuevos hábitos. Se trata de crear un ritmo que nos permita disfrutar la vida alrededor nuestro. Así, mientras nos enfocamos en la cosas que son importantes, aprendemos a separarnos de las distracciones que nos roban el gozo, la paz y el contentamiento.

Creando nuevos hábitos

Yo hablo en detalles en cuanto a cómo crear nuevos hábitos paso por paso en mi libro: *Create 3 New Habits* (inglés), pero quisiera aquí compartir unas palabras sobre el proceso de crear nuevos hábitos.

Sean hábitos referente a productividad, o hábitos saludables que mejoran nuestra vida espiritual, como por ejemplo, crear una vida de oración y continua reflexión en la palabra de Dios, o hábitos que mejoren nuestra salud física; todos consisten en el proceso de repetir disciplinas que con el tiempo se convierten en parte de nuestro ritmo diario.

La repetición de buenas disciplinas producen fruto apacible

> *Es verdad que ninguna disciplina al presente parece ser causa de gozo, sino de tristeza; pero después da fruto apacible de justicia a los que en ella han sido ejercitados. Hebreos 12:11*

*No digo que descarte las metas por completo. Me refiero a la atención desmedida que ponemos a las metas lo cual crea presión. Está bien saber a donde queremos llegar, pero que nuestra atención esté más en el proceso.

8

Sistemas

A lo que en el capítulo anterior llamé hábitos, en el área de productividad, llamaré «sistemas».

Si creamos hábitos que producen un ritmo de vida con gozo y libre de estrés en las diferentes áreas de nuestra vida personal, los mismos principios aplicarán a nuestra vida empresarial o laboral. En este capítulo mi misión es presentar algunos ajustes prácticos para minimizar la ansiedad en nuestra vida laboral.

Sistema: Aquello que se convierte en un mecanismo.

Permítame dar un ejemplo.

En América Latina, por años vi cómo después que concluíamos un evento evangelístico masivo, y entregábamos la lista de nuevos creyentes a los pastores, pocos de los que habían pasado al frente a recibir a Cristo quedaban realmente en las iglesias.

Con el tiempo nos dimos cuenta de que en realidad el problema no consistía en la disposición. Todos estaban dispuestos a hacer el trabajo de discipular a los nuevos creyentes y añadirlos a las iglesias, sin embargo, no sabían como. No existían precedentes, manuales, herramientas, etc... y por eso la mayor parte de las veces lo más que recibía un nuevo creyente era una llamada por teléfono y una invitación a la iglesia.

Evidentemente, esto no es suficiente. Las personas vienen a Cristo con graves problemas en sus vidas. Algunos tienen problemas familiares, otros problemas de trabajo, otros adicciones, y otros tienen el problema de que son buenos religiosos, y este último es peor que todos los problemas mencionados anteriormente.

Los miembros de las iglesias tenían buena intención, lo que se necesitaba era un sistema.

Como respuesta a esta necesidad, diseñamos el sistema de discipulado y seguimiento que hoy conocemos como transformación de ciudad.

Un método con el cual después de un festival, durante 12 semanas, los nuevos creyentes son visitados, atendidos específicamente conforme a sus necesidades individuales o de familia, y sistemáticamente enseñados sobre lo que significa estar en Cristo y ser ahora parte de la familia de Dios. Al final de las 12 semanas estos ya deben estar integrados a la vida de la iglesia, y continuarán como parte de un grupo de estudios bíblicos en casa o en algún lugar cerca de donde viven.

Productividad y ritmo de trabajo diario

Tengo claramente definido el fin de cada proyecto. Sin embargo, he creado la costumbre de dividir los proyectos en capítulos o partes pequeñas.

Solamente me concentro en esa parte pequeña, una vez lograda, celebro el haber conquistado ese nivel, entonces sigo hacia el próximo.

Lista de 3 cosas

Es importante tener escrito todo lo que queremos completar en un día, como parte de un proyecto grande.

Yo antes ponía todo en una lista, y era una lista larga, lo cual me creaba mucha ansiedad. Entonces creé un sistema.

Una lista diaria de solo tres cosas.

Esta lista corta me mantiene enfocado en algo que es alcanzable.

Todo lo otro lo paso a la lista general del proyecto, pero esa lista no tiene mi atención directa diaria. Mi atención está en la lista de tres cosas.

Cada vez que completo una de las cosas en la lista, me tomo unos minutos para celebrar. La celebración no es una fiesta (no se asuste), es sólo tomar unos minutos para hacer una pausa y reconocer en mi mente que he completado algo. Si es posible, salgo de la oficina y camino afuera por unos minutos, tomo agua, estiro mis pies, etc... Lo importante es hacer la pausa. Esto me da un sentido de logro, de realización y trae contentamiento.

Estos pequeños momentos de celebración, añaden gozo, me renuevan, y me permiten tomar lo que sigue en la lista descansado y sin presión.

Si termino las tres cosas en la lista de este día temprano y tengo tiempo entonces traslado algo de la lista general del proyecto, y lo hago sabiendo que no estoy obligado, pues ya tuve un día productivo.

9

DI NO A LAS MULTITAREAS

La idea de multitarea (multitasking) se ha convertido hoy en toda una práctica en los centros de trabajo; principalmente porque la información está viajando a gran velocidad y además en tiempo real recibimos comunicación desde diferentes plataformas como: correo electrónico, messenger, teléfono, celular, videoconferencias, fax, redes sociales, etc...

El término multitasking surge de la informática y se relaciona al momento en el que la CPU ejecuta de manera independiente 2 procesos diferentes. Tomando en cuenta esto, podemos decir que multitasking corresponde a la acción de realizar más de una tarea a la vez, siendo «eficientes» y «economizando tiempo».

Sin embargo, los seres humanos no fuimos diseñados para esto.

Paradójicamente a las ventajas profesionales que una persona puede tener por ser multitask, ésta puede acarrearle daños a su memoria y salud, sumado a la baja calidad que podría ofrecer en sus trabajos, debido a que, al estar haciendo varias actividades al mismo tiempo, ninguna de estas tareas se ejecuta con la atención debida.

Investigadores de la Universidad de California (UCLA) descubrieron que el comportamiento multitasking crea una lucha entre dos partes del cerebro.

Al realizar múltiples actividades, se da una batalla entre el hipocampo, que es el encargado de guardar y hacernos recordar información y el telencéfalo, que se encarga de las tareas repetitivas, dando como resultado que al ejecutar diversas tareas se tendrá mayor dificultad para recordar las cosas que se acaban de hacer.

Una persona que sobrecarga su cerebro automáticamente activa respuestas de estrés, libera adrenalina y mantiene al sistema nervioso en un estado de hipervigilancia, provocando problemas de salud y psicológicos.

Los padecimientos relacionados con el estrés y que algunas personas multitareas presentan son: insomnio, ansiedad, dolor de cabeza, gastritis, colitis, irritabilidad, mal humor, tensión muscular, entre otros.

¿Qué se puede hacer para evitar caer en este síndrome?

Desconéctate: Si estás en una reunión importante es imprescindible que te desconectes de cualquier dispositivo electrónico que pueda distraerte, procura enfocar tu atención únicamente en la junta y en el objetivo de ésta.

Yo he creado la costumbre de salir a caminar y dejar mi teléfono celular en la oficina. Sin teléfono, mi atención está en lo que está sucediendo a mi alrededor.

Estoy alerta y disfruto las maravillas de la creación. Tengo la oportunidad de prestar atención a las aves, a la frescura del pasto verde a los lados del camino, etc...

Establece prioridades: Haz una lista de todas las tareas que tengas que realizar y clasifica en importantes y menos importante. Comienza por las primeras. Recuerda la lista de tres cosas que mencioné anteriormente.

Haz una sola cosa a la vez: Recuerda que antes de comenzar con una tarea nueva es indispensable que hayas terminado la que estabas desarrollando antes. Es mejor terminar una actividad con calidad que hacer muchas a la vez y a medias.

Concéntrate: Procura estar alejado de todas las distracciones que puedes tener durante el día, si en tu empresa tienes acceso a las redes sociales, dedica espacios breves y específicos durante el día para revisarlas. Evita estar pendiente de todas las notificaciones que te llegan durante la jornada laboral.

10

BAJANDO LAS EXPECTATIVAS

Las altas expectativas crean prisa y ansiedad.

Cuando hablo de expectativas, algunos tienden a confundirse. Piensan que estoy diciendo que bajen su nivel de fe, o que dejen de creer por cosas grandes. Pero no es eso lo que estoy diciendo.

Verdaderamente necesitamos vivir por la fe.

> *Porque en el evangelio la justicia de Dios se revela por fe y para fe, como está escrito: Mas el justo por la fe vivirá.*
> *Rom 1:17*

Necesitamos creer a Dios por cosas grandes y buenas en nuestra vida.

Y también necesitamos fortalecer nuestra esperanza. De hecho, «depresión» se pudiera definir como «falta de esperanza».

Los milagros suceden cuando creemos que «para Dios no hay nada imposible», eso es fe, y cuando «esperamos» recibir algo de Él.

Esto lo vemos en el milagro del cojo en la puerta del templo, llamada la Hermosa.

> *Pedro y Juan subían juntos al templo a la hora novena, la de la oración. Y era traído un hombre cojo de nacimiento, a quien ponían cada día a la puerta del templo que se llama la Hermosa, para que pidiese limosna de los que entraban en el templo. Este, cuando vio a Pedro y a Juan que iban a entrar en el templo, les rogaba que le diesen limosna. Pedro, con Juan, fijando en él los ojos, le dijo: Míranos. Entonces él les estuvo atento, esperando recibir de ellos algo. Hch 3:1-5*

Note que dice el texto que el cojo estaba «esperando recibir de ellos algo».

Esta expectación es buena y es motivada por fe, que es «certeza de lo que se espera, la convicción de lo que no se ve (Hebreos 11:1)».

La expectación del cojo activó su fe, y esto junto a la fe de Pedro y Juan, produjo el milagro.

Dios responde a fe y todo milagro comienza con expectación.

Sin embargo cuando hablo de «expectativas», estoy refiriéndome a algo muy diferente.

Me refiero a las expectativas, a veces surrealistas que nos imponemos a nosotros mismos. A veces estas son motivadas por tratar de demostrar algo más allá de lo real cuando la inseguridad y el deseo de aceptación o reconocimiento nos impulsan.

A veces no se trata de nuestras expectaciones, sino de lo que otros esperan de nosotros. A esto se le pudiera llamar «presión social».

La presión de tener que conformarte a un standard.

Por ejemplo, creas un evento para promocionar un producto o impactar la vida de las personas en el caso de una iglesia o evento misionero. Inviertes tiempo y recursos, alquilas varias sillas o un auditorio con una cantidad específica de asientos. Lo promueves y compartes tu visión con los demás. A medida que se acerca la fecha del evento, aumenta la presión.

¿Qué pasa si no viene nadie? ¿Qué les digo a las personas que invirtieron en el proyecto?

A medida que se vincula el éxito del evento con la cantidad de personas que aparecerán (la respuesta), sus expectativas son altas y pueden ser irreales.

¿Qué sucede si no obtiene los resultados esperados?

Probablemente estarás desanimado, frustrado, triste y decepcionado. Eso sin contar la ansiedad que viviste los días previos al evento.

Mi amigo. Hay una mejor manera.

Baja las expectativas.

Eso no es falta de fe o visión. Sólo acepta que el resultado de todo lo que haces está realmente fuera de tu control.

Es mejor concentrarse sólo en el proceso, mejor si es algo que le encanta hacer. No aumente sus expectativas y no haga algo conforme a las expectativas que otros tienen de usted. Cuando se trata de personas, lo que dirán o pensarán, es más saludable no tener expectativas en absoluto.

Las consideraciones, opiniones, elogios o críticas futuras de las personas no deberían estar en la ecuación a la hora de diseñar un proyecto.

Cuando se trata de personas, tengo cero expectativas.

La aceptación, elogios o críticas de otros no son factores determinantes en el proceso de tomar decisiones en ningún proyecto que realizo.

Eso no significa que esté enojado con la gente.

No odies a las personas, porque sólo son humanos, todos enfocados en sus propios intereses.

Ama a todos y al mismo tiempo, no esperes nada, bueno o malo.

Si hay algunos buenos comentarios al final del proyecto, bueno, gracias. Si algunas sugerencias constructivas, bien. Si alguna crítica, está bien. No esperaba nada, así que no me afecta nada, positivo o negativo.

Cuando estás reposado en la voluntad de Dios y te mueves dentro de Su paz, un proyecto es algo que se disfruta. Los resultados finales están en las manos de Dios, y éxito no se mide conforme a la expectación de los hombres.

Noé predicó por 120 años y nadie le hizo caso. Al final sólo fue salvo él y su familia.

¿Se imagina que comienza usted una iglesia y después de 120 años pastoreando, los únicos miembros son 8 personas incluyéndose usted, y todos son familia?

Conforme a las expectaciones de los hombres quizá no haya tenido éxito, ¿pero qué conforme a Dios? ¿No tuvo éxito Noé?

Ciertamente es contado entre los héroes de la fe.

> *Por la fe Noé, cuando fue advertido por Dios acerca de cosas que aún no se veían, con temor preparó el arca en que su casa se salvase; y por esa fe condenó al mundo, y fue hecho heredero de la justicia que viene por la fe. Hebreos 11:7*

Elimine hoy toda expectativa que produce prisa, estrés y ansiedad en su vida. Camine en el ritmo de gracia y paz que Dios ha diseñado para usted. Eso produce gozo y tranquilidad de espíritu.

DISCIPLINAS Y RITUALES

En esta última parte de este libro, quisiera tomar principios y verdades que ya hemos tocado antes y aplicarlos al diario vivir.

Lejos del ruido, ¿cuál es el mínimo necesario de aquellos hábitos y prácticas, disciplinas y rituales que aplicados al caminar diario, me permiten permanecer en un ritmo de paz y contentamiento, libre de la prisa y los efectos de la ansiedad?

Estas son para mí las cosas más importantes.

11

SIMPLICIDAD

De manera práctica, soy testigo de que una vida sencilla es buena medicina para la ansiedad.

Tener una vida congestionada de cosas, obligaciones, responsabilidades, compromisos, puede llegar a ser una vida tan agitada y estresada que se convierte directamente en una invitación a la ansiedad.

Hace un tiempo atrás, una señora me dijo que estaba muy estresada y tenía mucha ansiedad porque su ropero tenía tanta ropa y tantos zapatos que le costaba mucho trabajo encontrar algo cuando lo necesitaba.

La solución a ese problema es sencilla —le respondí. Seleccione las prendas de ropa y zapatos que verdaderamente necesita, apártelos —añadí— y regale todo lo otro.

Esto le causó mucho disgusto a la señora, pues quería retener todas las cosas.

Me recordó al joven rico (Lucas 18:18—25).

Este en una ocasión le preguntó a Jesús: «Maestro bueno, ¿qué haré para heredar la vida eterna?».

Jesús le dijo que guardara los mandamientos y el

joven le respondió: «Todo esto lo he guardado desde mi juventud». Entonces Jesús le dijo: «...vende todo lo que tienes, y dalo a los pobres, y tendrás tesoro en el cielo; y ven, sígueme».

¿Y cuál fue la respuesta?

Dice la Biblia: «Entonces él, oyendo esto, se puso muy triste, porque era muy rico».

A veces queremos retener y abarcar mucho. La avaricia nos hace que tengamos una vida llena de cosas que no nos hacen felices, por el contrario nos aumente el estrés y —como en el caso del joven rico— al final nos traigan mucha tristeza.

> *Hay quienes reparten, y les es añadido más; Y hay quienes retienen más de lo que es justo, pero vienen a pobreza.*
> *Proverbios 11:24*

Simplificar trae contentamiento

Cuando simplificas, no sólo experimentas el gozo de dar y bendecir a otros, a la vez recibes la paz de acumular menos.

> *Sean vuestras costumbres sin avaricia, contentos con lo que tenéis ahora; porque él dijo: No te desampararé, ni te dejaré...*
> *Hebreos 13:5*

Una vida despejada de cosas es una vida sencilla, donde tienes tiempo para lo que verdaderamente es importante.

En mi vida, el acto de simplificar todo ha sido un proceso que ha tomado tiempo.

Comencé por simplificar mi día de trabajo.

En tiempos anteriores, solía levantarme en la mañana con una inmensa lista de cosas que tenía que completar antes que el día terminara. Tenía que cumplir con compromisos a los que ya había dado mi palabra. Sabiendo el valor de cumplir con todo lo prometido, me esforzaba hasta el agotamiento para quedar bien.

Mi palabra hoy en día tiene el mismo valor. Si doy mi palabra en algún asunto, es seguro que la voy a cumplir —sigo creyendo que un hombre es tan bueno como su palabra. Entonces esto no ha cambiado en mi.

Lo que sí ha cambiado es que hoy en día me comprometo a menos cosas. He aprendido a decir que no.

> *Mejor es que no prometas, y no que prometas y no cumplas. Eclesiastés 5:5*

Hoy en día, selecciono con mucho cuidado a qué le voy a dedicar mi tiempo. Qué batallas voy a pelear.

También tengo cuidado en cuanto a qué voy a poner en mi lista de tareas diarias. Anteriormente le hablé de mi lista de tres cosas.

No sólo agendo menos cosas en mi día de trabajo, también agendo mis recesos.

Cada vez que completo una tarea, grande o

pequeña, me tomo un tiempo para celebrar. Me voy a caminar, tomar aire, sentarme debajo de un árbol por unos minutos.

De esta forma he creado un ritmo de descanso y trabajo que evita todo desgaste y mantiene mi mente refrescada y libre de presiones.

Mi filosofía de simplificar se ha extendido a otras áreas de mi vida.

Hoy en día simplifico mis alimentos. Digiero mucha menos cantidad de alimentos que antes, y pongo énfasis en la calidad —en cosas nutritivas.

Mi ropero está simplificado. No necesito tanta ropa.

En tiempos pasados, llegué a acumular una cantidad de corbatas y trajes. Muchas de estas corbatas y trajes fueron regalos. Hoy en día y por el hecho de que solo uso traje y corbata en ciertas ocasiones especiales, no me es necesario tener tantos.

He aprendido a regalar lo que a mi otros me regalan. Esto es práctico, pues puedo ser un canal de bendición para otros.

Mi manera de vivir se ha simplificado. Aún cuando estudio, trato de tomar conceptos complicados y simplificarlos, de manera que los pueda recordar fácilmente, y cuando los entrego a otros lo pueda hacer con claridad y sin enredos.

Si usted visita mi página de web, notará que aunque contiene una gran librería de recursos y contenido, el diseño y la navegación son simplificados con una estructura minimalista.

Pudiera seguir nombrando las áreas de mi vida que he logrado simplificar —quizá pudiera escribir un libro sólo de éstas— pero la idea central creo que usted ya la comprende.

Hay paz y contentamiento en la simplicidad.

> *Pero gran ganancia es la piedad acompañada de contentamiento; porque nada hemos traído a este mundo, y sin duda nada podremos sacar. Así que, teniendo sustento y abrigo, estemos contentos con esto. 1 Timoteo 6:6—8*

Me gusta este dicho del gran filósofo griego.

> *Belleza de estilo y armonía y gracia y buen ritmo depende de simplicidad.*
> *—Platón*

12

GRATITUD

La gratitud es la más sana de todas las emociones humanas. Cuanto más expreses gratitud por lo que tienes, más probabilidades hay de que tendrás más por lo cual expresar gratitud. —Zig Ziglar

Regresando al texto que ya mencioné anteriormente pero que dejé pendiente hablar de la última parte hasta este momento.

Por nada estéis afanosos, sino sean conocidas vuestras peticiones delante de Dios en toda oración y ruego, con acción de gracias. Filipenses 4:6

Como dije anteriormente, la palabra «afanosos» se traduce «ansiosos» en otras traducciones.

La NKJV dice: "Be anxious for nothing..." que se traduciría: «Por nada estéis ansiosos...».

Si Dios te dice que «por nada estéis ansiosos», esto significa que es algo que se puede lograr. Dios no te va a pedir que hagas algo que no pudieras hacer.

Entonces, vivir sin ansiedad es algo alcanzable.

Luego, dice el texto que le lleves tu preocupación a Dios en oración, y que lo hagas «con agradecimiento». Dice así: «sino sean conocidas vuestras peticiones delante de Dios en toda oración y ruego, con acción de gracias».

En el último capítulo hablaré más de la oración, pero quiero ahora tocar esta parte del texto que a menudo pasamos por alto.

Se nos hace fácil decirle a alguien que tiene necesidad «ponte a orar». Sin embargo, en este texto la oración no viene sola, viene acompañada de la gratitud, «sean conocidas vuestras peticiones delante de Dios en toda oración y ruego, con acción de gracias».

¿Qué es gratitud?

Primero debo decir que «la gratitud es algo que se practica».

De hecho la Biblia le llama: «Acción de gracias», lo que indica claramente que es una acción.

Note en Colosenses como Pablo otra vez liga la oración al agradecimiento.

> *Perseverad en la oración, velando en ella*
> *con acción de gracias... Colosenses 4:2*

Agradecimiento no es una opción o un lujo. La

palabra de Dios nos manda a que seamos agradecidos.

> *Y la paz de Dios gobierne en vuestros corazones, a la que asimismo fuisteis llamados en un solo cuerpo; y sed agradecidos. Colosenses 3:15*

¿Por qué la gratitud trae tranquilidad y contentamiento?

Aún los psicólogos dicen que gratitud y felicidad están conectados. A lo que ellos llaman felicidad, yo llamaría contentamiento.

George Keith Chesterton, (a menudo conocido como GK Chesterton) es un prolífico escritor, poeta y filósofo inglés que acuñó la frase: «Yo mantendría que dar gracias es la forma más elevada de pensamiento, y que la gratitud es felicidad maravillosamente duplicada[6]».

Chesterton toma la actitud de que agradecer o mostrar gratitud por lo que sea que esté haciendo es fundamental para ser feliz. Además, aprecia todo lo que tienes, o no tienes nada en absoluto. En resumen: no dé nada por sentado[7].

Esto es sencillo de explicar.

Cuando inviertes tiempo pensando en lo que no tienes y necesitas obtener, tu mente se traslada hacia el futuro, automáticamente levantando los niveles de estrés y ansiedad. Esto lleva a la angustia y el descontento.

Por otro lado, cuando practicas gratitud, le estás dando gracias a Dios por las cosas que ya tienes, lo que Él ya ha hecho en tu vida, por las cosas buenas que te rodean. Esto automáticamente te trae al presente, al estado donde «no necesitamos nada», un estado de contentamiento.

Practicando gratitud

Escribe todas aquellas cosas por las que estás agradecido.

Un experto mundial en la arena de todo lo relacionado a gratitud es el Dr. Robert Emmons, profesor de psicología en la Universidad de California, Davis.

En un estudio[8] en el año 2003, publicado en el Journal of Personality and Social Psychology, el Dr. Emmons y su colega Michael McCullough de la Universidad de Miami examinaron los efectos de escribir diarios de gratitud en casi 200 estudiantes universitarios.

Los estudiantes fueron divididos en tres grupos, y cada grupo escribió 10 diarios semanales enfocados en (1) gratitud (bendiciones), (2) molestias y disgustos, y (3) eventos neutrales.

A los del grupo de gratitud se les dijo:

«Hay muchas cosas en nuestras vidas, grandes y pequeñas, de las que podríamos estar agradecidos. Piensa en la semana pasada y escribe ... hasta cinco cosas en tu vida por las que estés agradecido».

Al final de las 10 semanas, los que se encontraban en la condición de gratitud informaron que se sentían más positivos acerca de sus vidas en general, más optimistas sobre la próxima semana, y pasaban más tiempo haciendo ejercicio.

Estos condujeron otros segundo y tercer estudios aumentando la frecuencia en que los participantes escribían.

Estos concluyeron que al los participantes centrarse en las bendiciones de la vida, esto redujo la preocupación y la angustia que mantienen a las personas despiertas por la noche.

En resumen, escribir diarios de gratitud suele ser beneficioso pase lo que pase.

Expresa las cosas por las que estás agradecido.

Una cosa es pensar algo, otra cosa es expresarlo.

En las mañanas temprano, acostumbro a tomar un tiempo para darle gracias a Dios por todo.

Le doy gracias a Dios por mi familia, la salud y las pruebas. También le doy gracias a Dios por la ciudad donde vivo.

Amo esta ciudad. He viajado intensamente nuestra América Latina, y me gustan muchas de las ciudades donde he estado, pero regresar a San Diego produce en mí un efecto muy especial.

Cuando estoy en San Diego, le doy gracias a Dios en voz alta. Si salgo con mi esposa en la mañana a algún asunto, al comenzar a conducir comienzo en voz alta a agradecer a Dios por este privilegio de vivir aquí.

Tengo la costumbre de parar todo lo que estoy haciendo durante el día y tomar tiempo para practicar gratitud. Aún por las cosas pequeñas. Si me tomo una taza de café, doy gracias. Si me siento por 5 minutos debajo de un árbol, doy gracias. Por el aire que respiro, por el paisaje, por tener el tiempo para hacerlo lo cual es una gran bendición.

Te insto a que practiques gratitud.

Si tienes unos minutos a la hora de la merienda, da gracias. Medita en todas las cosas que Dios ha hecho en tu vida. Da gracias por ese momento específicamente.

Verás que tus niveles de contentamiento van a subir.

Se agradecido por otros.

Cuando somos agradecidos por otros, estamos dejando de pensar en nosotros. No sólo nos hace bien, también les hace bien a ellos —especialmente si les expresas lo agradecido que estás por sus vidas.

Mire como lo pratica Pablo.

> *Gracias doy a mi Dios siempre por vosotros, por la gracia de Dios que os fue dada en Cristo Jesús; 1 Corintios 1:4*

> *Primeramente doy gracias a mi Dios mediante Jesucristo con respecto a todos vosotros Romanos 1:8*

Gracias doy a mi Dios siempre por vosotros, por la gracia de Dios que os fue dada en Cristo Jesús 1 Corintios 1:4

...no ceso de dar gracias por vosotros, haciendo memoria de vosotros en mis oraciones Efesios 1:16

Doy gracias a mi Dios siempre que me acuerdo de vosotros Filipenses 1:3

Siempre orando por vosotros, damos gracias a Dios, Padre de nuestro Señor Jesucristo, Colosenses 1:3

Damos siempre gracias a Dios por todos vosotros, haciendo memoria de vosotros en nuestras oraciones... 1 Tesalonicenses 1:2

Doy gracias a mi Dios, haciendo siempre memoria de ti en mis oraciones... Filemón 1:4

13

LENTITUD DELIBERADA

Ya hablé anteriormente sobre la prisa y los daños que esta causa. Sin embargo en esta sección de disciplinas y rituales, y antes de concluir con este trabajo quiero dejarle algunos consejos prácticos que puede emplear mientras desarrolla una vida de paz en un ritmo de tranquilidad.

Wang Mingdao

En su libro, Faith That Endures[9], el escritor Ronald Boyd-MacMillan cuenta la historia de un número de conversaciones que tuvo con Wang Mingdao, un famoso perseguido pastor en la China del siglo pasado.

La primera vez que Ronald se encontró con el pastor Wand Mingdao, éste le preguntó: ¿Joven, cómo caminas con Dios?

El joven Ronald le respondió dándole una lista de disciplinas como el estudio Bíblico, la oración, etc... a lo que el famoso pastor chino replicó: «¡Respuesta incorrecta! —para caminar con Dios debes ir a ritmo de caminata».

En otra ocasión, Ronald preguntó a Wang Mingdao que cómo había podido soportar el haber estado prisionero en una celda durante 25 años por predicar a Cristo.

El pastor Wang le respondió diciendo:

«Una de las claves para mantener la fe de una iglesia perseguida es saber que Dios hace las cosas despacio».

En este mundo agitado, es quizá un poco difícil entender esto, pero Dios habita fuera de tiempo y espacio.

Pedro nos dice algo en este texto:

> *Mas, oh amados, no ignoréis esto: que para con el Señor un día es como mil años, y mil años como un día.*
> *2 Pedro 3:8*

A mi en lo personal me ha costado mucho decrecer el ritmo con que me desplazo y hago cosas.

Le doy gracias a Dios por los meses que tomó mi recuperación después de la cirugía —aunque no quisiera pasarlo otra vez. Fueron días lentos, en que no podía levantarme de la cama. En mi recámara lo único que podía hacer era orar y leer la palabra de Dios.

Esto, causó un efecto muy positivo en la manera en que veo las cosas a mi alrededor.

He aprendido a observar cómo todas las luchas son temporales mientras Dios y Su palabra son eternos; y eso me ha ayudado a tener una perspectiva eterna de las cosas.

Entonces ahora, ¿cómo podemos establecer un ritmo en el cual podamos tener contentamiento mientras cumplimos con las responsabilidades y demandas de la vida?

Aquí le van algunas ideas que le pueden ayudar.

1- Camina despacio. Sí. Literalmente.

Se que el pastor Wang Mingdao al referirse a caminar despacio, estaba hablando mucho más que la práctica de literalmente caminar despacio. Él se refería a todos los aspectos de la vida, incluyendo las veces que nuestras oraciones toman tiempo para ser respondidas. Hablaré de decrecer la velocidad en varias áreas de nuestra vida, pero puedo comenzar por hablarle de la práctica de caminar despacio —literalmente.

El fundador de Buffer, Leo Widrich[10], describe cómo practicar la lentitud deliberada en momentos de alto estrés produce sentimientos de felicidad y gratitud.

El dice:

> *Es muy simple. Eliges una ruta para caminar y caminas a la mitad de la velocidad que normalmente haces. Lo haces por 20 minutos.*
>
> *Hacer este ejercicio fue muy difícil para mí al principio. En un lugar tan ocupado como Hong Kong, donde todos corren por las calles, tienes muchos impulsos para acelerar de nuevo. Pero después de los*

primeros cinco minutos estaba bien y con buen ritmo.

Y después de esos cinco minutos, las cosas cambiaron mucho. Empecé a mirar a mi alrededor. Empecé a ver cosas que nunca había visto antes: pequeñas calles laterales donde la gente terminaba su día de trabajo, apilando cajas una encima de la otra, cargándolas en un camión sucio. Una mujer saluda a un hombre con una gran sonrisa, esperando que cruce la calle en una luz roja. Era una sonrisa diferente otra vez. Ese tipo de sonrisa cuando conoces a alguien que realmente te gusta está a solo unos segundos. Entonces vi a dos personas, ambas parecían haber comenzado su turno nocturno como guardias de seguridad, charlando y riéndose como si estuvieran en una fiesta.

Todo parecía diferente durante esos 20 minutos. Podía sentir que mi cabeza se volvía mucho más pesada y de repente más ligera. Como si cada paso me hiciera perder algunas libras.

Me sentí extremadamente feliz.

En mi experiencia personal esto ha sido un cambio bastante radical. Antes, siempre andaba de prisa.

Hoy mi paso es diferente. Yo en lo particular, me he acostumbrado a caminar largas distancias, y lo hago despacio. Temprano en la mañana o tarde en el día —preferiblemente a la puesta del sol. Dejo mi teléfono celular en la oficina para que mi paz no sea molestada.

Otra cosa que disfruto hacer hoy en día es ir al mercado con mi esposa. Antes era algo que detestaba. Si iba al mercado, siempre tenía la sensación de que estaba perdiendo el tiempo. Decía en mi mente «tengo cosas más importantes que hacer».

Hoy en día, para mi es una bendición ir al mercado, y lo disfruto. Me paro a conversar con el señor que está ahí acomodando las cajas de los tomates, o el que vende café en la otra esquina del mercado. Me tomo el tiempo de observar todo lo que se mueve a mi alrededor.

El resultado de moverme a este paso ha sido algo transformador para mi vida. Cuando regreso a mi oficina, mi mente está relajada. Estoy contento. Mis niveles de creatividad están altos y mis sentidos activados.

2- Practica hacer nada.

En diferentes momentos durante el día, intencionalmente me aparto de mi escritorio y dedico unos minutos a la inactividad.

Recuerdo la primera vez que intenté sentarme, quieto y en silencio durante 5 minutos. Era casi imposible. Mi corazón palpitaba, y el impulso de levantarme y ponerme a hacer algo era muy fuerte. Mi mente estaba viajando en muchas direcciones a gran velocidad.

Con el tiempo he logrado crecer en esta práctica. Yo le llamo «sitting» que se traduciría «estar sentado».

Cuando estoy sentado en la quietud, a veces cierro mis ojos y escucho todos los sonidos a mi alrededor.

Cuando regreso a mi escritorio, mi mente está tranquila, despejada.

> *Quédate quieto en la presencia del Señor, y espera con paciencia a que él actúe... Salmos 37:7 (NTV)*

3- Tómate un café sin propósito.

Antes, si me iba a tomar un café o un té con alguien era porque tenía algún asunto que resolver. Alguna cuestión de organización, planificación, negocios, etc...

Es decir, la idea de ir a tomar un café, no era por el café en sí, sino porque tenía otra cosa que hacer.

Las cosas han cambiado. Hoy, deliberadamente voy a tomarme un café, solo por el hecho de ir a tomarme el café. No hay otra agenda, no existe otro plan.

Es increíble la paz que esto produce en mí —aunque está comprobado que la cafeína altera— por lo que (si este es tu caso) no tiene que ser café, puede ser una limonada o un té natural.

Lo importante es la acción de no tener otra cosa en la agenda.

A veces voy solo al puestecito de café que está cerca de mi casa. Pido una taza de expresso (recuerde que soy Cubano) y me siento por unos minutos a saborear esa taza y observar el mundo alrededor.

A veces voy con mi esposa o algún amigo. Tomamos café, conversamos sobre algo que no tenga importancia.

Hace poco tiempo invité a un amigo a tomar un café. Después de estar sentados y platicar sobre cosas sin importancia (que en realidad sí son importantes —cómo está la familia, los nietos, etc...), él me dijo" «Bueno, ¿cual es el asunto... para qué me citaste?». Me dió risa, y le respondí: «Para nada, solo para tomarnos un café». Su rostro estaba extrañado. Esto no es usual, pero le gustó la idea.

Amado lector, tomate el tiempo para ver a tu alrededor, disfruta el olor de las flores. La vida pasa muy rápido y puede ser muy agitada, si no prestas atención habrá pasado y no la vimos pasar.

4- Observa lentamente.

> Los cielos cuentan la gloria de Dios, Y el firmamento anuncia la obra de sus manos. Salmos 19:1

Dios quiere hablarte, y va a usar diferentes medios. La pregunta es: ¿Tienes tiempo para detenerte a escuchar?

Recuerdo hace muchos años atrás, cuando era un joven misionero, que viajabamos mi esposa y yo con un equipo de hermanos y una carpa en la que sosteníamos campañas evangelísticas.

Un día estaba muy nublado, las nubes se veían con un color gris oscuro. Estaban cargadas de agua. No sabíamos si quitar la carpa (para protegerla del mal tiempo) o dejarla.

Quitar una carpa de 10 torres no es un trabajo

sencillo. No sabía que hacer.

Estuve observando a las nubes y noté que el viento venía del norte. Inmediatamente vino a mi memoria este texto:

> *El viento del norte ahuyenta la lluvia...*
> *Proverbios 25:23*

Ahí estaba la respuesta. Aunque las nubes se veían grises y cargadas de agua, el viento venía del norte. Ya Dios había establecido en su palabra que «el viento del norte ahuyenta la lluvia».

En ese momento le dije al equipo: «No es necesario hacer nada. No va a llover. No habrá mal tiempo». Así fue. Un rato después el cielo estaba despejado, el viento se había llevado las nubes.

Quizá ese sea un ejemplo sencillo, pero creo que cuando observamos la vida alrededor nuestro, Dios nos habla, además trae paz y contentamiento a nuestras vidas.

Hay paz cuando contemplamos la creación y todo lo que Dios ha creado.

De hecho, la palabra «contemplación» es muy usada por los monjes Benedictinos. Estos practican largas horas el estar en silencio.

La oración contemplativa ha sido practicada por siglos en la tradiciones cristianas del Oriente y Occidente[11].

Hablaré específicamente sobre la oración en el próximo y último capítulo de este libro, pero por el momento sólo quiero hacer notar la práctica de observar y la paz que resulta de ello.

Por lo regular cuando andamos de prisa, no ponemos atención a los detalles alrededor nuestro.

Usted se sube en su auto con la prisa y la meta de llegar al lugar de destino. Ese viaje se convierte en uno estresado y de ansiedad. La desesperación por llegar.

No se si le ha acontecido que llegó en su auto al lugar a donde iba, y entonces se detiene a pensar y no puede recordar por qué carretera vino.

Es lo mismo con el trabajo. Estamos tan enfocados en lo que queremos completar, que no lo disfrutamos.

Por eso le dije anteriormente que no se enfoque en las metas pero sí en el proceso. Si tu mente está en el proceso, eventualmente vas a llegar al lugar de destino, pero llegarás más feliz.

Esto es importante y reduce ansiedad.

Mi consejo es: «Observa el camino, la vida alrededor, presta atención a los detalles, disfruta parar y tomar un receso. Observa la vida y hazlo lentamente». Te aseguro que tendrás más contentamiento.

14

LECTURA Y ORACIÓN

Cuando hablamos de disciplinas cristianas siempre incluimos leer la Biblia y orar. Este es el sermón que más oímos de la boca del pastor. Ora y lee la Biblia.

Sin embargo hay mucho que hablar sobre el tema y mucho que aprender en cuanto a cómo la lectura y la oración son bálsamos para la ansiedad.

La lectura

Mire lo que Pablo le aconseja a su hijo espiritual.

> *Entre tanto que voy, ocúpate en la lectura, la exhortación y la enseñanza.*
> *1 Timoteo 4:13*

Ocúpate de la lectura —antes que de la exhortación y la enseñanza.

La exhortación se pudiera interpretar como la predicación inspiracional. Aquél que cuando habla motiva, inspira y mueve a otros.

La enseñanza tiene más que ver con la exégesis que involucra una interpretación crítica y completa de un texto.

Antes de poder predicar o enseñar, Pablo aconseja a Timoteo que se ocupe de la lectura.

Entonces (como dije antes), si paz puede ser multiplicada por medio del conocimiento de Dios (2 Pedro 1:2). La manera más perfecta de conocer a Dios y por ende multiplicar nuestra paz, es por medio de leer lo que Él dice en Su palabra.

Hay métodos que podemos adoptar en nuestra costumbre de leer la Biblia.

Por ejemplo. La *Asociación Billy Graham* aconseja el siguiente método[12]:

- En primer lugar, lea cada día un capítulo del evangelio de Juan. El libro de Juan es el cuarto libro del Nuevo Testamento y le ayudará a comprender lo que Jesús hizo por nosotros y las razones por las que debemos creer en Él. (La Biblia, por lo general, tiene un índice de libros).

- En segundo lugar, lea el libro de los Hechos donde se registra la emocionante historia de cómo los primeros discípulos de Jesucristo le hablaron a otros de su muerte y resurrección.

- En tercer lugar, lea las cartas que los apóstoles de Jesucristo escribieron a los primeros seguidores, los cuales eran nuevos en la fe. Estas cartas abarcan desde el libro de Romanos hasta 3 de Juan.

- Y en cuarto lugar, regrese y lea uno de los otros tres evangelios: Mateo, Marcos o Lucas.

Aunque este consejo parece estar enfocado más a nuevos creyentes, puede ser muy útil.

Existen varios métodos para leer la Biblia. No soy muy partidario de los métodos de leer la Biblia en un año. Para nuevos creyentes pudiera convertirse en una especie de obligación —una imposición con la que se tiene que cumplir— y no creo que sea este el enfoque correcto.

Además, estarías leyendo el Antiguo Testamento antes de comprender bien de qué se trata el Nuevo Pacto, y estoy pudiera producir en nuevos creyentes una confusión entre ley y gracia.

Yo aconsejaría que comience por el Nuevo Testamento.

El Nuevo Testamento encarna y engulle todo lo que estaba en el Antiguo Testamento. Resume el contenido del Antiguo Testamento y nos lleva a la plenitud de la revelación de Dios a la humanidad. Entonces debes pasar más tiempo estudiando el Nuevo Testamento porque explica el Antiguo Testamento.

No se sienta presionado por completar cierta cantidad de textos. Avance a su propio paso. Lo importante es asimilar lo que está leyendo.

Presento al final de este capítulo información sobre la *Guía para leer y entender la Biblia: Sin prisa, sin presión y con buen ritmo*. Sin embargo, usted puede con el tiempo ir desarrollando su propio sistema.

La oración

Dejé el tema de la oración para lo último porque creo que es el más importante de todos.

Como el Señor en la bodas de Caná. El mejor vino para lo último (Jn 2:1—10).

Regresemos al texto.

> *Por nada estéis afanosos, sino sean conocidas vuestras peticiones delante de Dios en toda oración y ruego, con acción de gracias. Filipenses 4:6*

Esto es lo primero y lo más importante. Traerle nuestra ansiedad a Dios en oración. ¿Por qué?

Porque Él ha prometido que tendrá cuidado de nosotros.

> *...echando toda vuestra ansiedad sobre él, porque él tiene cuidado de vosotros. 1 Pedro 5:7*

Él ha prometido que tendrá cuidado de nosotros, entonces lo que está de nuestra parte es traer nuestra ansiedad a Él.

Pero no paremos ahí.

Hagamos de la oración una práctica continua, diaria, de manera que podamos permanecer en un ritmo de comunión con Dios.

¿Cómo podemos hacer esto?

Aunque Dios te escucha, aún cuando haces una oración corta —y es importante hacer oraciones cortas— cuando conduces tu auto, cuando caminas, a la hora de tu receso en el trabajo, etc... también es importante crear la disciplina de apartar un tiempo sólo para la oración, en un lugar donde hay quietud.

Yo creo que la quietud y el silencio son importantes para hablar con Dios y para que Él nos hable.

¿Cómo se comunica Dios con nosotros?

Dios se comunica con su pueblo de muchas maneras: Su palabra, el Espíritu Santo (Juan 14: 15-31), sueños (Génesis 37), visiones (Génesis 15), su voz (Éxodo 4), una zarza ardiente (Éxodo 3), un burro parlante (Números 22), y a través de Sus mensajeros los ángeles (Lucas 1).

Pedro, Pablo y Juan tuvieron experiencias personales de oración:

* La visión de Pedro descrita en Hechos 10: 9-16
* Pablo relata haber sido llevado al tercer cielo (2 Corintios 12: 2-4)
* La experiencia de Juan que nos trajo el último libro de la Biblia (Apocalipsis 1:9)

Quizá la forma en que escuchamos de Dios es menos importante que la idea de que Él se comunica con nosotros a través de Su palabra y otros medios. Las experiencias fuera de la Biblia deben ser probadas contra lo que sabemos de Su carácter y lo que se afirma en Su palabra. Si el mensaje entra en conflicto con Su palabra o carácter, el mensaje no es de Dios.

> *Jesucristo es el mismo ayer, hoy y siempre... Hebreos 13:8*

La oración junto a la meditación Bíblica

El autor y pastor Tim Keller[13] defiende la oración con meditación entrecruzando teología, experiencia y oración. Keller dice: «La mediación bíblica significa primero pensar tu teología, trabajar en tu teología y orar tu teología». Continúa diciendo que si haces esas cosas, «tu teología se entrelazará con tu experiencia».

¿Cómo orar y meditar Bíblicamente?

Comienza por la lectura meditativa

1- Encuentra un lugar tranquilo y cómodo para leer y orar, un lugar libre de interrupciones o distracciones. Tal como lo hizo Jesús cuando se retiró de las multitudes para orar (Marcos 1:35).

> *Mas tú, cuando ores, entra en tu aposento, y cerrada la puerta, ora a tu Padre que está en secreto; y tu Padre que ve en lo secreto te recompensará en público. Mateo 6:6*

2- Elige el contenido, pasaje o capítulo de la Biblia donde estás estudiando y alimenta tu alma con la palabra que estás leyendo. Usa tu concordancia para encontrar versículos similares o que se relacionan. Aplica lo que lees preguntando: «¿Cómo aplica este texto a mi vida o situación?».

Escudriñad las Escrituras; porque a vosotros os parece que en ellas tenéis la vida eterna; y ellas son las que dan testimonio de mí... Juan 5:39

3- Léelo, piensa y reflexiona, despacio y con calma.

Estudia constantemente este libro de instrucción. Medita en él de día y de noche para asegurarte de obedecer todo lo que allí está escrito. Solamente entonces prosperarás y te irá bien en todo lo que hagas. Josué 1:8 (NTV)

Habla con Dios

4- Habla con Dios en tus propias palabras, sencillamente. No uses vanas repeticiones.

Y orando, no uséis vanas repeticiones... Mateo 6:7

5- Ora en el nombre de Jesús.

Y todo lo que pidiereis al Padre en mi

nombre, lo haré, para que el Padre sea glorificado en el Hijo. Juan 14:13

6- Ora con humildad en el conocimiento de quién es Dios y quién eres tú.

Y cuando ores, no seas como los hipócritas; porque ellos aman el orar en pie en las sinagogas y en las esquinas de las calles, para ser vistos de los hombres... Mateo 6:5

7- Expresa en tu oración agradecimiento. Ora con acción de gracias.

Entrad por sus puertas con acción de gracias... Salmos 100:4

...en toda oración y ruego, con acción de gracias. Filipenses 4:6

8- Permite que lo que lees pase de la cabeza al corazón.

Quédate quieto, haz silencio, sólo sé. Espera.

Guarda silencio ante Jehová, y espera en él. Salmos 37:7

Recuerda que la escrituras revelan a Jesús. En tu tiempo de oración y meditación en su palabra, Jesús es el centro.

Mantén tu mente y pensamientos en Jesús. Él te

guarda en completa paz cuando tu mente está en Él.

> *Tú guardarás en completa paz a aquel cuyo pensamiento en ti persevera; porque en ti ha confiado. Isaías 26:3*

A medida que practicas la oración en tu diario vivir, notarás una transformación en tu vida. Su paz —que sobrepasa todo entendimiento te cubrirá más y más.

Vemos de nuevo el orden.

> *Por nada estéis afanosos, sino sean conocidas vuestras peticiones delante de Dios en toda oración y ruego, con acción de gracias. Y la paz de Dios, que sobrepasa todo entendimiento, guardará vuestros corazones y vuestros pensamientos en Cristo Jesús. Filipenses 4:6,7*

Ese es el orden. En lugar de quedarnos en ansiedad, hagamos conocer nuestras peticiones delante de Dios en toda oración y ruego, con agradecimiento. Entonces Él promete que la paz que sobrepasa todo entendimiento guardará tu corazón.

En esa paz, no hay preocupación que te pueda disturbar. En medio de esa paz desaparece el miedo. Es una paz sobrenatural, que quizá no se pueda explicar, pero es real.

Como dije anteriormente, Dios ha usado la ansiedad para acercarme a Él y poder conocerle mejor —cada día más.

Es mi oración que tu lucha con la ansiedad haya servido para traerte aquí, a los pies de la cruz. Donde Jesus te ha estado esperando con los brazos abiertos para tomar todas tus cargas y darte paz y contentamiento.

Recuerda sus palabras.

> *...porque mi yugo es fácil, y ligera mi carga. Mateo 11:30*

¿QUÉ SIGUE?

Este volumen es parte de la serie *Matando a los dragones: Venciendo la ansiedad*, y a continuación le presento los otros libros donde tocamos cada una de la áreas donde podemos crecer, de manera que añadiendo el conjunto de todo a nuestro estilo de vida, podamos vivir completamente victoriosos sobre la ansiedad, caminando en un continuo ritmo de paz y contentamiento.

Vivir Sin Ansiedad: Cómo conquistar la angustia, el miedo y la preocupación para vivir en un ritmo de paz y contentamiento

La ansiedad es uno de los mejores regalos que he recibido en mi vida. Ha sido el instrumento que Dios ha usado para llevarme a descubrir la paz que sobrepasa todo entendimiento.

En este libro comparto mis luchas, retos y estragos. También las verdades que me han llevado de la ansiedad a una vida de paz y contentamiento.

Caminaré contigo esta jornada y juntos veremos caer a cada dragón que te ha angustiado —hasta que tu experiencia sea como la mía.

Entendiendo y Conquistando la Ansiedad

La ansiedad para mí ha sido una lucha de toda la vida —hasta que comencé a entenderla.

No puedes conquistar un enemigo que no entiendes.

En este sencillo volumen, mi objetivo es ayudarle a encontrar respuestas, caminar con usted y juntos descubrir aquellas cosas que antes no se veían con claridad. De manera que podamos entender de dónde viene esa ansiedad que ha afligido su vida, y cómo Dios puede usar esa aflicción como un instrumento que le lleve a descubrir Su Paz — la paz que sobrepasa todo entendimiento.

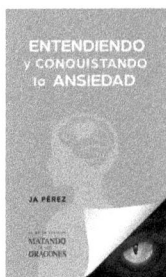

Disciplinas Esenciales para Vencer la Ansiedad

Lo contrario a la ansiedad es paz y contentamiento.

Paz es tranquilidad. Cuando tu espíritu está reposado, libre de temores, prisa, intranquilidad.

Eso es felicidad —cuando estamos contentos en el estado presente. Separados de ambiciones, preocupaciones o presiones externas —contentos con lo que tenéis ahora (Heb 13:5).

En este sencillo volumen, presento un número de disciplinas. Estas son prácticas que nos permiten crecer en la paz que el Señor ya nos ha dado —la paz que sobrepasa todo entendimiento.

Guía para Leer y Entender la Biblia: Sin prisa, sin presión y con buen ritmo

Esta guía para leer y entender la palabra de Dios forma parte de esta serie, y el objetivo principal de la misma es simplificar la lectura de manera que podamos disfrutar y comprender más lo que leemos sin la presión de tener que completar una cantidad de textos diarios.

Es mi oración que esta guía sea de ayuda a su vida y que Dios la use para traerle a un ritmo de continua paz —la paz que sobrepasa todo entendimiento.

Más información sobre esta serie y otros recursos relacionados en: **japerez.com/ansiedad**

Notas:

1. The Life You've Always Wanted: Spiritual Disciplines For Ordinary People. Christian Large Print; Large Print edition (January 20, 2006) ISBN: 978-1594150838.

2. Definición de ansiedad. https://definicion.de/ansiedad/ (Capturado Enero 24, 2020).

3. 5 Truths about Anxiety to Help You Stay Present. To stop anxiety, we have to stop our minds from time traveling. Lisa Firestone Ph.D. https://www.psychologytoday.com/us/blog/compassion-matters/201807/5-truths-about-anxiety-help-you-stay-present (Capturado Febrero 14, 2020).

4. Wayne Muller, Sabbath (New York: Batam Books, 1999), p. 70.

5. Mercy for Today by John Piper Sacado de Solid Joy Daily Devotionals by John Piper Devotional for April 16 © 2015 Desiring God.

6. Sacasas, 2010. The Science and Research on Gratitude and Happiness. Erika Stoerkel, MSc. https://positivepsychology.com/gratitude-happiness-research/ (Capturado Febrero 12, 2020).

7. Taylor, 2014. The Science and Research on Gratitude and Happiness. Erika Stoerkel, MSc. https://positivepsychology.com/gratitude-happiness-research/ (Capturado Febrero 12, 2020).

8. How Gratitude Leads to a Happier Life: The benefits of being grateful and how to harness them. Melanie

Greenberg Ph.D https://www.psychologytoday.com/us/blog/the-mindful-self-express/201511/how-gratitude-leads-happier-life (Capturado Febrero 12, 2020).

9. Ronald Boyd-MacMillan, Faith That Endures (Grand Rapids: Revell, 2006), pp. 306-9.

10. Slowing Down. Leo Widrich 9/13/12 https://lifehacker.com/slowing-down-5942908 (Capturado Febrero 13, 2020).

11. Christian contemplation. https://en.wikipedia.org/wiki/Christian_contemplation (Capturado Febrero 13, 2020).

12. Como Leer y Entender la Biblia March 27, 2019 https://billygraham.org/espanol/como-leer-y-entender-la-biblia/ (Capturado Febrero 13, 2020).

13. Keller on Quiet Times, Mysticism, and the Priceless Payoff of Prayer. October 21, 2014
https://www.thegospelcoalition.org/article/tim-keller-on-prayer/ (Capturado Febrero 13, 2020).

TRASFONDO

JA Pérez

Escritor, humanitario y precursor de movimientos de cosecha en América Latina.

Ha escrito libros en varios géneros, como teología, escatología, liderazgo, y sobre temas para la familia y los retos de la vida cotidiana.

Además, sostiene conferencias para líderes donde asiste a intelectuales, así como a iletrados, en la adquisición de destrezas esenciales y soluciones pragmáticas para comunicar esperanza con valentía en entornos complejos, y a veces hostiles.

Sus concentraciones masivas y misiones humanitarias han atraído grandes multitudes durante años.

Él, su esposa y sus tres hijos, viven en un suburbio de San Diego en California, desde donde se coordinan todos los proyectos de la asociación que lleva su nombre.

OTROS LIBROS
por JA Pérez

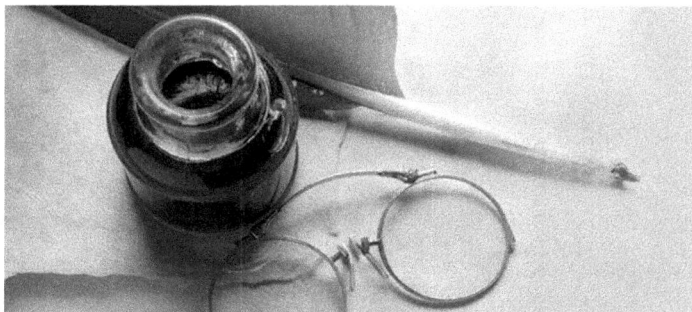

JA Pérez ha escrito varios
libros y manuales de
entrenamiento. Todos sus
libros están disponibles en
Amazon.com así como
en librerías y tiendas
mundialmente. Libros
con temas para la familia,
empresa, liderazgo,
economía, profecía bíblica,
devocionales, inspiracionales,
evangelismo y teología.

Varios Temas

Ficción

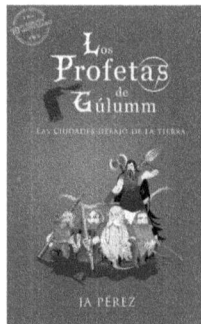

Crecimiento Espiritual, Teología, Principios de Vida y Relaciones

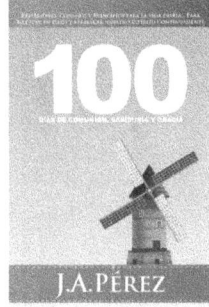

JESÚS
pregunta

?

JA PÉREZ

Jesús
(*sin religión*)

JA PÉREZ

MANIPULACIÓN
APÓSTOLES MODERNOS
LA COBERTURA Y EL DIEZMO DE DIEZMOS

JA PÉREZ

POETAS,
PROFETAS,
Y OTROS
CON IMA-
GINACIÓN

---

las
12
MARCAS DEL
DISCIPULO

JA PÉREZ

100
DÍAS DE COMUNIÓN, SABIDURÍA Y GRACIA

J.A. PÉREZ

Finanzas

COMO
PROSPERAR

CON
HUMILDAD

JA PÉREZ

GANADO
PLATA
Y ORO

LAS 40 REGLAS ESPIRITUALES
ESENCIALES PARA EL
DESARROLLO EMPRESARIAL

JA PÉREZ

Profecía Bíblica

40
PROFECÍAS
CUMPLIDAS

J.A. PÉREZ

EL
FIN

ESTADO PROFÉTICO DE LAS NACIONES

J.A. PÉREZ

Liderazgo
Empresa, Gobierno y Diplomacia

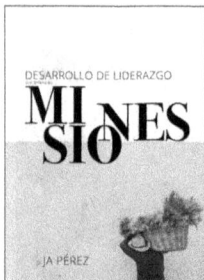

DESARROLLO DE LIDERAZGO
MISIONES
JA PÉREZ

Desarrollo de
Liderazgo
con énfasis en
Diplomacia
JA Pérez

DESARROLLO DE
LIDERAZGO
CON ÉNFASIS
EMPRESARIAL
JA PÉREZ

12
FUNDAMENTOS
DE
LIDERAZGO
POR
JA PÉREZ

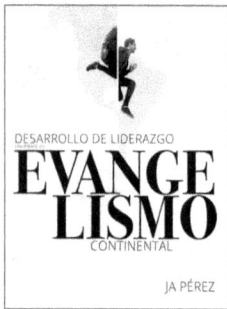

DESARROLLO DE LIDERAZGO
EVANGELISMO
CONTINENTAL
JA PÉREZ

DESARROLLO DE
LIDERAZGO
CON ÉNFASIS EN
PLANTACIÓN
DE IGLESIAS
JA PÉREZ

EMBAJADOR360°
LÍDER
CON MENTE DE
REINO
JA PÉREZ

EMBAJADOR360°
LÍDER
CON MENTE DE
REINO
JA PÉREZ

EMBAJADOR360°
LÍDER
CON MENTE DE
REINO
JA PÉREZ

los **5**
ERRORES
MÁS COMUNES
QUE COMETE UN LÍDER
JA PÉREZ

LIDERAZGO
IRREVOCABLE

JA PÉREZ

LIDERAZGO
INTELIGENTE

JA PÉREZ

LIDERAZGO
y CONSORCIOS

JA PÉREZ

LIDERAZGO
y GOBIERNOS

JA PÉREZ

LIDERAZGO
PRODUCTIVO

JA PÉREZ

LIDERAZGO
y CAPITAL INFLUYENTE

JA PÉREZ

LIDERAZGO
INSPIRACIONAL

JA PÉREZ

LIDERAZGO
TRANSPARENTE

JA PÉREZ

LIDERAZGO
y SISTEMAS

JA PÉREZ

LIDERAZGO
y DESARROLLOS

JA PÉREZ

LIDERAZGO
INVISIBLE

JA PÉREZ

LIDERAZGO
y LEGADO

JA PÉREZ

Evangelismo y Misiones

Discipulado para Nuevos Creyentes y Estudios de Grupos

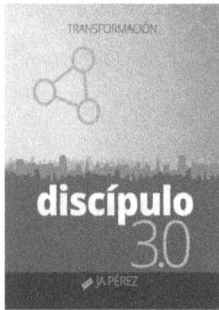
TRANSFORMACIÓN
discípulo 3.0
JA PÉREZ

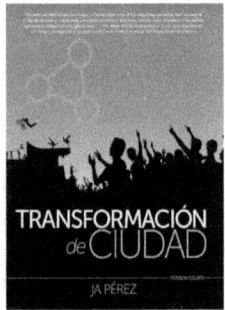
TRANSFORMACIÓN de CIUDAD
JA PÉREZ

JUNTOS XEL CONTINENTE
JA PÉREZ

JUNTOS XEL CONTINENTE
VERSION:PASTORES
JA PÉREZ

COMO COMPARTIR LAS BUENAS NOTICIAS
JA PÉREZ

Cosecha
EVANGELISMO EFECTIVO
JORGE ARMANDO PÉREZ VENÂNCIO
JA PÉREZ

Festivales y Concentraciones
Juntos Concejo Internacional

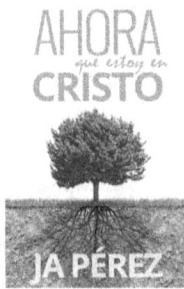
AHORA que estoy en CRISTO
JA PÉREZ

Festivales y Concentraciones
Juntos En la Jornada

Festivales y Concentraciones
Juntos En la Cosecha
JUNTOS

Crecimiento
Inspiración y Creatividad

ideas.
LA PÉREZ EN CONFERENCIA PARA EMPRESARIOS,
LÍDERES Y AGUBLICOS QUE PIENSAN

ideas.
MAESTRO

Clásicos
Vida cristiana, familia y relaciones.

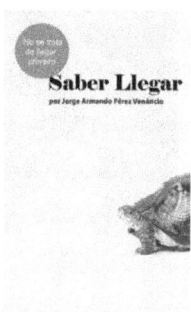

100 DÍAS de MILAGROS
JA PÉREZ

GRACIA SOBERANA
SU SACRIFICIO fue SUFICIENTE
JA PÉREZ

LA CIENCIA DEL POBRE
Jorge Armando Pérez
VENANCIO

LAS REGLAS QUE REGULAN LA ABUNDANCIA
JORGE ARMANDO PÉREZ
VENANCIO

Jorge Armando Pérez Venancio
Lecciones de un viejo PROFETA mentiroso

EL FIN de TODA JACTANCIA
EXALTANDO LA COMPLETA OBRA DE JESUCRISTO

Las Suegras
7
Jorge Armando Pérez Venancio

Saber Llegar
por Jorge Armando Pérez Venancio

ENGLISH

Collaboration, Relations, Growth

create
3 new
habits

A simple guide to form new habits for a better, simpler, happier life

ja pérez

NOW

THE URGENCY AND THE KEY
TO REACH THIS GENERATION
WITH THE MESSAGE OF CHRIST

COLLAB
ORATION

YOUR
KINGDOM
OR HIS
KINGDOM

COLLABORATION
IOI
for EVANGELISTS

COLLABORATION
IOI
for CHURCHES

9 BASIC
PRINCIPLES *of*
COLLABORATION
for EVANGELISTS

JA PÉREZ

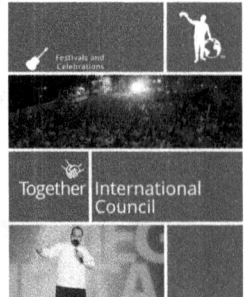

Contacte / siga al autor

Blog personal y redes sociales

japerez.com

@porJAPerez

facebook.com/porJAPerez

Asociación JA Pérez

japerez.org

TISBITA
HOUSE

www.ingramcontent.com/pod-product-compliance
Lightning Source LLC
Chambersburg PA
CBHW070810280326
41934CB00012B/3134